会計制度改革への挑戦

フォローイング・ザ・マネー

ジョージ・J・ベンストン
マイケル・ブロムウィッチ
ロバート・E・ライタン
アルフレッド・ワーゲンホファー
著

田代樹彦・石井康彦・中山重穂
訳

Following the Money

税務経理協会

FOLLOWING THE MONEY

The Enron Failure and the State of Corporate Disclosure

by George Benston, Michael Bromwich, Robert E.Litan and Alfred Wagenhofer

Japanese translation rights arranged
with The Brookings Institution Press, Washington,D.C.
through Tuttle-Mori Agency, Inc., Tokyo

はじめに

一九九七年からその翌年にかけてのアジア金融危機後、したがって、今からわずか数年前、米国は世界の模範となるコーポレート・ガバナンス・システムと財務情報開示システムを有していた。トーマス・フリードマンのベストセラー『レクサスとオリーブの木』では、このような米国経済システムの特性が称賛されていた。

しかし、二〇〇一年末、米国史上最大の企業会計スキャンダルに直面していることに気づいた米国の規制当局と企業経営者は、狼狽し、やがて自信を喪失した。すでに大企業数社による会計不正が明らかになってはいたが、その後に判明したエンロン、ワールドコム、およびその他一部米国巨大企業による不正はその比ではなく、驚愕に値するものであった。エンロンとワールドコムの両社は破綻した。二〇〇二年末現在、エンロン、ワールドコムなどの事件に関連する刑事および民事上の捜査と訴訟は未解決のままである。この不祥事によって、ブッシュ政権は、コーポレート・ガバナンスおよび財務情報開示に関する広範な制度改革の敢行を余儀なくされた。議会は、二〇〇二年企業責任法を制定、施行することによって、迅速にそれら改革を実行した。

規制当局だけがこの不祥事への迅速な対応に追われたわけではない。ニューヨーク証券取引所やＮＡＳＤＡＱといった主要な証券取引所は上場規則を大幅に変更した。民間企業も同様に改革の動きをみせた。企業の取締役会と経営者は今まで以上にディスクロージャー問題に注意と監視の目を向けている。大手会計事務所の一つであるアーサー・アンダーセンが証拠隠滅によって有罪判決を受け、解散するのを目の当たりにし、会計事務所は監査手続を厳格化した。自らの誤りが明らかになり、打撃を受けた証券アナリストと格付会社も業務を改善した。

一連の事件によって、米国人は戸惑い、衝撃を受けたかもしれない。しかし、事件発生とほぼ同時にこれら問題の処理は開始されており、米国の政治および経済体制が盤石であることは誇りに思ってよい。しかし、一連の改革は十分なものだろうか。逆効果なものはないだろうか。米国および他国のディスクロージャー・システムには他にも何か欠点があり、規制当局による是正、あるいは少なくとも厳重な注意が必要なのではないか。

本書では、ジョージ・ベンストン、マイケル・ブロムウィッチ、ロバート・Ｅ・ライタン、およびアルフレッド・ワーゲンホファーが、こういった疑問点に取り組んでいる。彼らは、エンロン事件のはるか以前から後出のプロジェクトを始動させており、その結実が本書である。事件についてはさておき、彼らが主張しているように、企業情報開示システムは、実際の経済社会の変化に対応したシステムへと、また新たなコミュニケーションと分析技法、とりわけインターネットを多用したシステムへと改良されるべきである。二〇〇一年から翌年にかけての一連の会計不正事件をきっかけとして明らかになった問題の本質と対応策の有効性とに、彼らはとりわけ注目し、取り組んだ。

様々な解決方法によって問題は改善されるだろうが、その一方で、不必要な修正や未解決の問題もあるのではないか、という疑問が本書では提起されている。これに対して、著者は議論をよぶであろう提言を行っている。その提言とは以下のようなものである。まず、規制当局は、世界中の企業が利用する会計基準および報告基準を統一するのではなく、複数の基準、最低でも二つの基準（米国の一般に認められた会計原則すなわち米国ＧＡＡＰと国際財務報告基準すなわちＩＦＲＳの二つ）を競争させるべきであるとしている。次に、投資家およびアナリストにとって無形資産の構成要素および特徴がいっそう理解可能となる様々な非財務指標の試験的な開示を、規制当局が推進すべきであるとしている。そして、規制当局に対して、インターネットの長所を活用し、アクセスがより容易かつ便利になる形式でいっそうタイムリーな財務情報開示を推し進めるべきであると提言している。

会計とディスクロージャー問題が公的政策の最優先検討課題であり、投資家が高い関心を寄せているというような、より適切なタイミングで本書を出版することは叶わなかった。

しかし、本書がこれら問題へのより深い理解に役立つことを願っている。

本研究および本書の完成は、多くの方々の協力によるものであり、感謝の念に堪えない。リサーチ・アシスタントのサンディップ・スクタンカーとクリス・リディー、草稿の段階でコメントとアドバイスを頂いたデニス・ベレスフォード、ロバート・ハーン、およびキャサリン・シッパー、編集アシスタントのマーサ・ゴットロンとマーガレット・ラングストン、校正担当のグロリア・パニアーガ、そして秘書のアリシア・ジョーンズに感謝する。ただし、本書におけるあらゆる誤謬および遺漏の責任は著者に帰するものである。

本書は、AEI・ブルッキングス行政共同研究所の後援および資金提供を受けて出版された。本研究所は、行政問題研究を支援するAEIとブルッキングスの両研究所による研究報告をもとに成立している。本研究所の第一の目的は、現在の行政問題および新たな政策提案について入念かつ客観的に分析し、その分析結果を立法当局や規制当局に提供することで、これら当局の政策決定に関する責任を明確にすることである。本書は、企業情報開示およびコーポレート・ガバナンスに関する規則に焦点をあてることで、この使命の遂行を果たすものである。

AEI・ブルッキングス行政共同研究所
所　長　　ロバート・W・ハーン
副所長　　ロバート・E・ライタン

目次

会計制度改革への挑戦

フォローイング・ザ・マネー

第一章　企業情報開示の危機

米国の企業情報開示システムは、会計と監査に関する基準、監査人のプロフェッショナリズム、およびコーポレート・ガバナンスの規則と実務を骨子としており、目的適合性と正確性を備えた企業財務情報のタイムリーな提供を目的としている。そして、ほんの数年前まで、この米国の企業情報開示システムこそがグローバル・スタンダードとしてふさわしいとみなされていた。一九九七年から翌年にかけて生じたアジア金融危機をきっかけに、とりわけその危機発生の一因が企業、商業銀行、さらには中央銀行によるディスクロージャー不足にあったこともあり、米国の評論家や専門家は、アジア諸国のみならず全世界が米国のディスクロージャー・システムの長所を模倣すべきであると主張した。

その時からいかに状況は様変わりしたことであろうか。米国が完璧を自負していた企業情報開示システムは、数年前までは誰も想像しなかった、あるいは警鐘を鳴らしもしなかった崩壊の道をたどることになった。そのような様変わりは様々な数値において、とりわけ利益の水増し報告というかたちであらわれた。利益を水増し報告した米国企業数は一九九〇年代を通じて少しずつ増加していたが、一九九八年に激増し、翌一九九九年にも最も多く、その数は二百社を超えた(二)。その間、多くの企業が「利益管理」を行い、注目を集めた。このような現状は証券取引委員会（ＳＥＣ）アーサー・レビット元委員長からも強く非難されるものであったが、企業は、利益が継続的に増加しているようにみせるため、あるいは少なくとも財務アナリストによる四半期利益予測を満たすために、会計規則に違反しない範囲で裁量的な会計行動をとっていた。

しかし、企業によるディスクロージャーの有用性に対して、民間および行政などから広く注目が寄せられる最大の契機となったのは、二〇〇一年秋に生じたエンロン事件とそれに続くエンロンの監査を担当したアーサー・アンダーセンによる違法行為の露見において他にない。とりわけ、アンダーセンは、エンロンの抱える問題を把握していながらも、その問題公表を働きかけず、むしろ世間を欺く手助けをしたとみられている。二〇〇二年五月、アンダーセンは、エンロン関連の重要書類を裁断処分し、司法妨害を行ったとして、有罪判決を受けた。エンロン、アンダーセン、そして両社の最高経営責任者らに対する刑事および民事訴訟は現在も進行中である。

エンロンとアンダーセンの崩壊は大規模な不祥事であったが、これにとどまることなく、引き続き他の大手企業数社による会計不正が明らかになった。二〇〇二年六月下旬、通信

図表1・1　会計不正による主要な司法捜査もしくは訴訟

企業名	監査法人名
アデルフィア	デロイト・トウシュ
AOL タイム・ワーナー	アーンスト・アンド・ヤング
ブリストル・マイヤーズ・スクイブ	プライスウォーターハウスクーパース
コンピュータ・アソシエイツ	アーンスト・アンド・ヤング
エンロン	アーサー・アンダーセン
グローバル・クロッシング	アーサー・アンダーセン
メルク	アーサー・アンダーセン
マイクロストラテジー	プライスウォーターハウスクーパース
ピープルソフト	アーンスト・アンド・ヤング
PNC ファイナンシャル・サービス	アーンスト・アンド・ヤング
クエスト	アーサー・アンダーセン
タイコ	プライスウォーターハウスクーパース
ウェイスト・マネジメント	アーサー・アンダーセン
ワールドコム	アーサー・アンダーセン
ゼロックス	KPMG

出所：Amy Borrus, Mike McNamee, and Susan Zegel, "Corporate Probes: A Scorecard," *Business Week*, June 10, 2002, pp.42-43. 2002年8月中の新聞・雑誌等報道。

業界大手ワールドコムが四十億ドル近くの利益の水増し報告を行っていたことが明らかになり、さらに同年十一月には、その金額が推定九十億ドル以上になることが判明した。またそれに引き続きゼロックスによる十四億ドルの利益の水増し報告も明らかになった。二〇〇二年八月末には、図表1・1のように有名企業十五社が関連する不正監査の容疑で会計事務所大手五社に対する注目を集めた訴訟および司法捜査が進んでいる。

エンロン、ワールドコム、AOLタイム・ワーナー、ゼロックスを始めとして、図表1・1で列挙された企業が関連する事件では、それら企業に加えて、現職と元の経営陣および監査人にも影響が及んでいる。また、それら企業に勤務していたのみならず、自らの年金資産の投資先であった企業が破綻してしまった多数の従業員は、手酷い経済的な痛手を被むり、投資家は全体で数十億ドルの損害を受けた。二〇〇二年の春から夏までの間、証券市場は顕著な反応を示し、急落した。一般的な株価指数の一つであるS&P五〇〇指数は、同年七月末までのわずか三か月間で三〇%近く下落した(二)。その後も株式市場は、イラク戦争開戦への懸念もあって下落し続け、本書を執筆している二〇〇二年晩秋には、どうにか同年七月の水準まで回復した。議会は、投資家からの信頼の喪失や止むことのない多くの会計操作に対処するため、企業会計のみならず、より広範にコーポレート・ガバナンスの改革も企図した包括的な対応策を迅速に法制化した。その法律は、二〇〇二年企業責任法という正式名称よりもむしろ法案提出者の名前にちなんだサーベンス・オクスリー法という名称で知られていることだろう。

　サーベンス・オクスリー法では言及されていないが、会計基準設定までのスピードの遅さや会計基準への少数の利害関係者による強い圧力といった、現在の会計基準のもつ幅広い問題もエンロンの崩壊を契機に提起されるようになった。企業の経営陣の法的責任と倫理的責任、金融・市場に関する規制、訴訟、および監査プロフェッションの自主規制などに関する現在の規則の有効性ならびにそれら規則作成や遵守を課す制度に対する疑問の声も上がっている。これら制度は一体となって、企業の経営陣および監査人による株主利益の向上に寄与すると考えられている。しかし実際には、多くの会計不祥事をきっかけに、米国におけるコーポレート・ガバナンス・システム全体としての有効性に疑問が投げ掛けられることとなった。そのシステムによって、経営陣による徹底的な自己分析は促されるのであろうか。またさらには、上場企業に対してより厳格な統治条件が設定されるのであろうか。このような疑念は、ゴールドマン・サックスのヘンリー・M・ポールソン・ジュニアCEOが二〇〇二年六月に行い、広く注目を集めた発言に集約されている。曰く、「私の知る限り、米国における企業活動がこれほどの監視下におかれたことはないが、事実、その必要があるのだ」(三)。

米国の企業情報開示システムおよびコーポレート・ガバナンス・システムには問題があり、改革の必要があるというのが我々著者がもつ共通の認識であり、このような認識こそ本書を執筆した理由でもある。しかし、同時に、規制当局がエンロンおよびその他の会計破綻の責任追及に力を入れた結果、勢い余って、ある分野で過剰な規制を課したり、非効率的あるいは非生産的な対応をとることを懸念している。また、規制当局は万全を尽くしたと考えるべきではないことも指摘しておく。資本市場のグローバル化の進展、投資家によるる企業情報へのアクセスの迅速化およびアクセス能力の向上を可能にするインターネットと新しいコンピュータ言語の進歩、そして株主価値を創造する無形資産の重要性の高まりといった要因が複合して、ディスクロージャー実務のより根本的な改革を迫ることになる。

もちろん、最善を尽くしながらも結果的に政策が構造的な改革を妨げる場合もあるだろう。そのため、規制当局が手出しする必要はないという意見もあるかもしれない。しかし、少なくとも、政策が構造的な改革の後手に回ったり、改革を遅らせることがあってはならない。その意味で、企業情報開示の行く末に関心を向け続け、そして対応すべきである規制当局の仕事に終わりはない。

本書が想定している読者層についても一言、言及しておく。全員ではないにしても、読者の多くは会計処理に問題があった企業が活動し、ディスクロージャーに対する幅広い関心をもつ米国民であろう。それゆえ、本書では米国のディスクロージャー・システムに多くの焦点をあてている。しかし、本章において明らかにするが、そこで検討する諸問題はより普遍的な重要性と意義を有するものである。そして、その検討を通じて、有効な企業情報開示に対する考え方を世界中において変えることになるだろう。それゆえ、本書の目的の一つは、願わくば、現時点において関心や将来に対する懸念を共有する人々が、米国の規制当局と世間一般が問題視している論点や疑問を理解する助けとなることである。

企業情報開示──なぜ問題となっているのか

どのような市場であっても機能するためには情報を必要とする。買い手は売り手が何を売ろうとしているのかを知らなければならない。さもなければ、取引は成立しないだろうし、仮に成立したとしても、買い手側の情報不足により、適正な価格による取引は成立しないであろう。

資本市場も例外ではない。確かに貸し手は借り手の詳細な財務状況を知る必要がある。それだけでなく、通常の銀行ローンや債券には、借り手が特定の財務テストを満たし続けることを要求する財務制限条項がある。その条項を満たせない場合には、より高い利子率が適用されるか、場合によっては債務不履行とみなされる。

本書では、いくつかの理由から、株式への投資家を対象とするディスクロージャーに、つまり株式市場に論点を絞っている。その主たる理由は、現在のディスクロージャー・システムが法律的にも実際的にも、特に株式投資家のニーズを満たすために発展してきたことにある。そして、そのディスクロージャー・システムは、一連の会計基準に立脚している。米国において会計基準は、一般に流通する株式を売買する投資家の保護を担う規制機

図表 1・2　各国における株式所有比率

国　名	調査期間初期の保有率ないし保有数	調査期間後期の保有率ないし保有数	調査に利用した数値
カナダ[a]	23% (1989 年)	49% (2000 年)	成人の株式保有率 (直接、間接問わず)
中　国[b]	1,100 万人 (1995 年)	5,500 万人 (2000 年)	投資家数
ドイツ[c]	3.5% (1998 年)	7% (1999 年)	成人の株式保有率 (直接、間接問わず)
日　本[d]	14% (1989 年)	5% (1990 年代後半)	個人投資家による株式保有比率
韓　国[e]	200 ～ 300 万人 (1990 年)	700 ～ 800 万人 (2000 年)	投資家数
ノルウェー[f]	14% (1994 年)	17% (1998 年)	株式保有率 (直接、間接問わず)

a. *Canadian Shareowners Study 2000*（トロント証券取引所の依頼により Market Probe Canada が作成、http://www.tse.com/news/monthly_22.html）.

b. David R Francis, "The Rise of a Global 'Shareholder Culture,'" *Christian Science Monitor*, July 2000, p.14 (http://www.csmonitor.com/durable/2000/07/03/p14s2.htm).

c. "Go Global," *Kiplinger's Personal Finance*, May 2000 (http://www.kiplinger.com/magazine/archives/2000/May/investing/global.htm).

d. "Japan's Missed Opportunity," *The Globalist*, June 2001.

e. Francis, "The Rise of a Global 'Shareholder Culture.'"

f. Steven T. Goldberg, "Stock Markets Win the Masses," *Christian Science Monitor*, March 1998 (http://www.csmonitor.com/durable/1998/03/25/intl/intl.7.htm).

関であるSECから権限を委託された財務会計基準審議会（FASB）によって設定される[四]。また、世界的にみると、国際会計基準審議会（IASB）が設定する国際財務報告基準（IFRS）を採用する国が増えている。

　本書が株式投資家に焦点をあてるもう一つの理由は、米国のみならず世界中で株式投資家が増加し続けているためである。米国では、株式への直接投資ないしは投資信託を通じた投資を行っている世帯の比率は、一九八九年は三二％であったが、二〇〇一年には五〇％超へと増加している。一般家庭において年金資産を除いた金融資産に株式が占める割合は、一九八二年では一一％という最低値であった。しかし、二〇〇〇年の第一四半期に最高値の四六％へと急増し、その後、二〇〇一年の第三四半期には三三％となっている(五)。図表1・2において示されているように、他の国々においても個人の株式所有数は増加している。カナダにおける個人株主の増加動向と個人の株式所有率は米国のそれらとかなり類似している。しかしながら、ヨーロッパと日本における個人の株式所有率は米国にかなり遅れをとっている。

株式投資家、あるいは彼らのアドバイザーであるアナリストやブローカーは、投資対象企業の将来キャッシュ・フロー予測に有用な情報を必要としている。なぜならば、株式価値は、原則としてキャッシュ・フロー予測をもとに算定される配当予想額の割引現在価値に等しいと考えられるためである。損益計算書、資金フロー計算書、および貸借対照表によって提供される会計情報は、必然的に過去指向的ではあるものの、企業の将来業績を予測するためには欠かせない情報である。会計情報に対する市場からの信頼性が低下しているということは、投資家は投資意思決定において「情報リスク」に直面していることを意味する。情報リスクが高ければ、株式投資の魅力は他の投資商品と比べて失われ、その結果、株価は下落する。

くわえて、株主と債権者は、財務報告数値が適正かどうか懸念せざるを得ない。投資対象の帳簿や計算書のチェックを彼らが個人的に行うことは不可能である。また、資産評価が不適切でないこと、負債が過小評価されていないこと、純利益が虚偽でないことを確かめることもできない。

つまり、投資家は、企業が開示する情報、ディスクロージャーの信頼性およびその方法とタイミングのいかんに多大かつ深刻な利害を有している。エンロン問題やその他の会計関連の出来事は米国株式に暗い影を落とすこととなったが、会計数値の信頼性が回復するまでその影はぬぐい去られそうにない。

問題の整理

第二章において現在の米国の財務諸表開示制度に対する本書の問題意識を明らかにし、問題の分析を進める。エンロン事件を出発点とするが、それとともにエンロン事件以前の出来事や傾向についても検討を加える。かいつまんでいえば、エンロンおよびその他の近年の会計不祥事によって明らかになった主要な問題点は、会計基準および監査基準自体に起因するのではなく、むしろそれら基準を**強制する**システムに起因するということを論じている。法制度と刑事・民事責任を負わされる危険性には、不正行為を抑止する機能があるとみられていたが、エンロンとアンダーセンに対する訴訟によって、その見解は覆されてしまった。驚いたことに、法的責任を負う危険性は、エンロンの経営陣および監査人に対して、抑止力として機能していなかった。また、図表1・1にあげられた会計不正の事例においても同様な結果であった。

本書では、現在の会計基準が完全であるとはみていない。第二章では、FASBとその国際版ともいえるIASBの主導による「公正価値」会計への移行が間違いであることを指摘している。公正価値は、常に市場価値、つまり日常的で信頼できる市場での取引に基づいて測定されるとは限らない。くわえて、一般市場で取引されない資産の公正価値は、企業経営者によって見積もられた期待キャッシュ・フローの現在価値によって算定される。このような数値の算定は非常に難しく、その算定結果を監査人が検証することはさらに難しい。事実、エンロンは、粉飾の疑いがかけられた利益報告において公正価値会計を利用しており、その結果、実態とは異なり、優れた業績をあげているようにみせかけることができた。第二のエンロン事件の発生を防ぐためには、会計基準設定機関は財務報告のために公正価値を今まで以上に利用しようとする現在の計画を断念するべきである（ただし、測定の信頼性と検証の独立性が確保された上で、財務報告の補足として公正価値を利用するならば異議はない）。おそらくこの考えは、重要でありながらも認知されていない、エンロンの失敗から学び、会計基準に活かすべき教訓の一つであろう。

これとは対照的に、エンロン事件全般として、エンロンが数多く設立した「特別目的事業体（SPE）」に関する会計規則が過分に取り上げられている。多くの報道で、エンロン問題は、当時のSPEに関する会計処理規則に欠陥があり、連結対象外となっているSPEの資産および負債をエンロンの資産および負債に連結することを強制しなかった点に原因があるとみなされていた。しかし、公式に入手可能なエンロン事件の資料では、その主張を証明することも、反駁することもできない。根本的な問題は、エンロン自身が負うべきSPEの負債額その他関連項目に関する情報が注記によって開示されず、また、SPEの損失が、特定の場合を除きエンロンの損益計算書に計上されなかったことにある。したがって、後にFASBが行ったSPEの連結規則改正の提案は、エンロンの問題の原因に対応したものとはいえない(六)。

会計基準の設定プロセスにも大きな問題が潜んでいる。FASBは唯一といってもよい基準設定機関であるため、市場の展開に対応した会計基準を作成することができないという点が問題となる。さらに、ＦＡＳＢは形式的には独立機関であるが、実質的にはＳＥＣの支配下におかれている。そして同時に、そのＳＥＣは議会の支配下にある。結果として、経済的実態ではなく政策および政治的権力をもつ団体の要求が、ＦＡＳＢの基準設定プロセスに強い影響を与えてきた。ストック・オプションや石油・ガス業界の会計処理方法がその典型例である。

問題の解決方法

第三章では第二章で提起した問題点の具体的な解決方法を提示している。公正価値会計への移行を「見直すこと」は表面的には容易であろう。移行を直ちに中止し、財務諸表の信頼性を確保し、どんなに詳細となっても、会計基準を遵守した情報が投資家に提供されるよう、外部監査人が責任を果たせばよいのである。

ＦＡＳＢによる基準設定に関する包括的問題の解決は難航する可能性がある。たとえば、一般に認められた会計原則（ＧＡＡＰ）として知られる米国会計基準にかえて、ＩＡＳＢが作成した国際基準をそのまま採用すれば万事解決するという意見もあるだろう。確かに、ＩＡＳＢは、多くの国が採用する会計基準を作成しており、本部がロンドンにあるため、少なくとも米国の一部の団体からの政治的な影響は減少するかもしれない。しかし、国際社会では、政治的影響は異なったかたちで表面化する。さらにいえば、多数の国家の代表によって構成される国際会計機関であるため、現在米国でＦＡＳＢが直面しているように、新基準設定にあたっての議論が膠着する可能性がある。

二大会計基準設定機関がとる選択の一つは、世界の会計基準を統一するために両会計基準の相違点を調和させることである。実際、ＩＡＳＢとＦＡＳＢは、二〇〇二年九月からその作業を開始し、二〇〇五年までに両会計基準の主要な相違点を解消することを目指している。しかし、本書の後半部分で理由を指摘しているが、この作業はかなり遠大な事業であり、その成果が長期にわたって継続する保証もほとんどない。

会計基準間の競争

それゆえ、会計基準設定を迅速化し、過剰な政治的影響を回避するためにより有効な方法は、基準設定に競争形態を持ち込むことであると考えている。第三章においていくつかの選択肢を提起している。

・コントロールド・コンペティション——この形態においては、上場企業は、その母国を問わず米国基準とＩＡＳＢ基準を選択適用することができる。なお、このとき、**基準適用の結果生じた差異は調整しない**ものとする（七）。

・**コンストレインド・コンペティション**　――この形態においては、企業はコントロールド・コンペティションと同じ選択肢をもつ。ただし、ＦＡＳＢとＩＡＳＢが両基準間の主要な相違点（たとえば、連結やストック・オプションに関する基準にみられる相違点）を縮小することが前提となる。

・**リミテッド・コンペティション**　――この形態においては、企業は二つの基準から選択可能であるが、両基準の適用の結果として生じる「重要な」差異を調整することが要求される。

・**相互承認**　――ＦＡＳＢとＩＡＳＢがそれぞれの地域で唯一、基準設定に関する権限をもち、その一方で、米国当局は米国における外国企業のＩＡＳＢ基準利用を容認する（米国企業は米国基準の利用が求められる）。

これらの選択肢の中で、理論的には一番目の競争形態が理想的であるが、同時に実現可能性が最も低いことも承知している。コンストレインド・コンペティションはＩＡＳＢとＦＡＳＢとが現在行っている調和化作業ほど困難でなく、実現可能性も高い。リミテッド・

コンペティションも同様であろう。しかしながら、二番目と三番目の選択肢では競争による便益はさほど生じないであろう。会計基準の相互承認に至っては、競争による便益は全く生じない。なぜならば両基準設定機関が排他的に各地域を担当したままのためである。

会計基準間の競争が可能となる形態を考案するにあたって、実際的な理由からIFRSと米国GAAPの二つを前提としている。IFRSのみを会計基準として採用する動きが世界的に加速している。事実、すでに欧州委員会はヨーロッパ各国の証券取引所に上場している全企業に対して、二〇〇五年までにIFRSを採用することを強制している。そのため(現在、二つの基準設定機関が目指している両基準の調和化計画および収斂促進計画が実現しなかった場合)、米国GAAPはIFRSに対抗する実質的に唯一の代替的選択肢なのである。

場合によっては、会計基準間の競争による効果の代償として、比較可能性やおそらくは透明性が犠牲となるであろう。会計基準統一化の利点は、利用者が複数の異なる会計基準を理解し、利用する必要がなくなることにある。実際、国家間での資金移動、外国株式の保有高、証券市場への外国企業の上場などといったことからもわかるように、金融市場がよりグローバル化されている状況を考えれば、世界レベルで利用される単一の報告基準を作成することは妥当であろう。

とはいえ、複数の会計基準を採用することの欠点が強調されすぎている面もある。競争が認められた場合、第三者であるアナリストが、自らの存在感を主張するために、投資家向けに企業間の比較可能性を確保するための財務数値調整サービスを提供することが期待できる。すでにSECは、米国証券市場への上場を希望するIFRS（あるいは米国GAAP以外の会計基準）採用外国企業に対して、そのような調整を求めている。特定の基準を利用していた企業が、調整のために必要とされる情報を十分に開示しなければ、このような調整は必然的に不完全に終わってしまう。しかし、市場からの圧力があれば、企業は、制度によって強制された場合と同水準で調整のために必要となる情報を提供する可能性がある。あるいは、たとえ第三者による概算的な調整であっても、入手情報が不適切なために投資を自粛するという意思決定も含め、投資家の意思決定情報として有用かもしれない。

同様に、世界的に一つの会計基準を採用することによる利点も強調されすぎている。現実問題として、財務諸表を利用した「思い通りの」企業間比較は、財務諸表が共通の会計原則から作成されていたとしても、投資家にとって簡単ではない。たとえば、減価償却費や活発な市場における経常的な取引価格のない資産の簿価など多くの重要な会計数値は、経済的価値を反映しておらず、また、異なる処理方法で説明、報告される場合もある。最適と考えられる同一の経営行動をとった企業が、結果として、相互に比較できない数値を報告する場合もありうる。設備資産の経済的耐用年数や将来の従業員給付のように主観的な判断の介入余地がある会計規則も多い。そのような場合、仮に合理的に判断を下したとしても、判断の結果は人によって異なるであろう。くわえて、経営者は、支出や売上の時点を調整することによって、財務諸表上の重要な数値を操作することが可能である。それゆえに、世界的に単一の会計基準が採用されたとしてもアナリストによる財務諸表の単純比較が可能になるわけではない。

また、ＩＡＳＢのような国際機関によって公表された単一の会計基準が長期にわたって独占的に利用され続けるとも思えない。そもそもＩＦＲＳはＩＡＳＢによって米国ＧＡＡＰよりも簡素な表現で作成され、会計プロフェッションや企業に裁量の余地がより多く残されているため、各国の基準設定機関はそれぞれ補足のために解釈指針を公表することになるだろう。その結果、統一されていた基準がやがては細分化され、現在の状況に逆戻りするか、少なくとも国際基準と国内基準の二種類の基準が併存することになるであろう。

つまり、会計基準の強制的な統一は、世界中の言語を統一し、会話、記録しようとすることに等しい。聖書の読者は、その試みの難しさを知っている。性質は異なるものの、会計基準ないしは報告基準を強制的に統一しようとしても、同様に、成果をあげることができるかどうか疑わしい。

会計基準の強制力

エンロンおよび図表1・1にあげられた他の会計不正の捜査を通じて明らかになった、会計基準の強制力の問題はどのように解決すればよいのであろうか。二〇〇二年夏、議会は、SECの所管となる公開会社会計監視委員会（PCAOB）を新たに創設し、従来はSECの業務であった監査プロフェッションの監督、懲戒を担当させることを決定した。そして、この監視機関の責任者として誰がふさわしいか、「有効に」機能するかどうかといった点について激論が交わされた。しかし、この機関の設立や責任者についての議論は二次的な問題にすぎない。監査人に対する監視強化の必要性は明白であるが、なぜその仕事をわざわざ他の機関に任せる必要があるのかという点を検討しなくてはならない。SECが怠慢な監査（あるいは監査ミス）をした監査人個人（あるいはその所属会計事務所）を効果的に処罰できなかったという問題は、SECへより多くの財源を投じ、罰金などによる、より重罰を科す法的権限を与えることで容易に改善可能であったろう（二〇〇二年夏、当初、議会はSECに追加的な予算をつけるつもりだったようだが、政府が議会の予定よりもかなり少ない増額しか認めなかったため、計画は挫折してしまった)。いずれにせよ、重要なのは、わざわざ他の機関に基準を強制する役目を委譲する必要はなく、現在でもその必要はないという点である。

さらにいえば、新たな機関を設けるにせよ、SECが行うにせよ、いかなる監視機関であってもその仕事の達成度には限界がある。警察制度と司法制度があっても犯罪を撲滅できないように、監査制度の最良の番人でさえも監査人による怠慢や不正を根絶することはできないであろう。規制当局の課題は、検査や懲罰の必要性が減少するよう、職務を真面目に遂行する**インセンティブ**を監査人に与える監視体制をいかにして補強するかにある。

賠償金支払額は、原則として、会計事務所に誠実な行動をとらせるインセンティブとなるのに十分な金額に設定されるべきである。仮にアンダーセンが証拠隠滅の件で有罪とならなかったとしても、損害賠償の金銭的負担に耐えかねて消滅していたかもしれない。しかし、破産法、そして金銭的負担による損害への警戒は、抑止力として十分な役割を果たしていない。不正を抑制するインセンティブを与えるために、より適切な方法を考える必要がある。

まずは企業やその監査人に当初から緻密な監査を行わせるようなインセンティブ・システムを確立することから始めなくてはならないことは明白である。二〇〇二年に制定されたサーベンス・オクスリー法では、経営者ではなく、取締役会の監査委員会のみが外部監査人の任免権を行使し、その監査委員会は社外取締役のみによって編成されることが強制されている。しかし、同法においてインセンティブ問題の「解決策」とされているもう一つの方法、つまり監査法人がクライアント企業のために監査業務と非監査業務を兼務することを禁止するのには賛同できない(八)。コンサルティング報酬に目が眩むような監査人はやはり同様に監査報酬にも目が眩むであろう。このような禁止措置の結果、監査報酬がより高騰するのと同時に監査の質が低下し、そのつけを必然的に株主が支払うことになる可能性がある。

公認会計士個人や会計事務所に会計基準を遵守させるためのシステムが、近年の監査に関する米国法の改革によって構築されており、今後、それらシステムは有効に機能するであろう。しかし、国際レベルで会計基準を遵守させる問題が未解決である。世界中への投資に利用可能な証券市場であるためには、世界中の企業の財務諸表が投資家から信頼され、理解されなくてはならない。現在のところ、会計基準および監査基準の利用を強制する世界的なシステムは存在していない。

先進諸国にあっては、証券監督者国際機構（ＩＯＳＣＯ）のような多数の国家が加盟する公的機関に監査人を監督する権限を与える段階には至っていない。過去数年間、国際会計士連盟の後援を受けた世界的な大手会計事務所が、国際的な自主規制という異なるアプローチで活動を行っていた。エンロンやその他の米国会計不祥事が生じたことを考慮すると、そのような方法は、一見、不適切に思われよう。しかし、第三章でも論じているが、他に現実的な選択肢はない。世界という舞台で名誉を挽回する機会を求める大手会計事務所にとって、米国での自主規制の強化は、少なくとも好機である。それゆえ少なくとも今後は、そのような努力を支援するべきである。

将来の展望

企業情報開示システムおよび実務全般に関する新たな方針を資本市場へ導入する必要があり、そのため、米国で発生した多くの会計事件によって露見した問題だけでなく、資本市場の根本的改革も重要な課題である。最終章では、このために必要となる条件を指摘している。

ディスクロージャー実務に影響する重要なトレンドとして、まずは、企業による全投資家への同時的かつ迅速なディスクロージャーを可能とするインターネットの普及があげられる。このことによって証券市場の効率性はいっそう高まるであろう。

インターネットの普及と関連するトレンドとして、インターネット向けの財務報告専用言語であるXBRLの開発があげられる。XBRLでは、多様な目的をもって企業から報告された財務その他の全データに、「タグ」が割り振られる。情報それぞれをあらかじめ定義しておけば（この作業は現在着々と進行中のようである）、これらのタグが社内におけるデータ作成や企業間取引の遂行に広く利用されるだけでなく、財務諸表やその他報告書のディスクロージャー方法を変貌させることになるであろう。

このような変化を止めることはできない。XBRLのように勘定科目の識別に関する技術や基準は、投資家やアナリストにとって非常に有用であろうが、同時に、企業や国家を問わず、投資家が要求する情報の**信頼性**を確保しなくてはならない。企業がXBRLのマニュアルや多様なタグの定義に従って勘定科目を識別していることを財務情報利用者が確認するために、監査は引き続き行われるであろう。それゆえに、特殊な情報提供方法に関する規則の承認、未承認にかかわらず、依然として監査とその強制は重要である。事実、補足的な非財務情報であれ、財務情報であれ、監査手続を経ない限り、信頼性は認められない。

しかし、同時に、非財務情報は、開示されている財務情報ほどではないにしても、利益成長予測、特に企業評価のために非常に役立つ。企業情報開示に影響を及ぼすであろう二番目の重要なトレンドとして、株主価値の創造における無形資産の重要性の高まりがあげられる。そして、それゆえ、非財務情報の有用性も高まりつつある。無形資産は、特許権や企業秘密といった知的財産から企業ブランド価値、人的資源および顧客層まで多岐にわたり、それら全てが企業の収益力となるが、通常それらを個別に市場で売買することはできない。

無形資産の重要性の高まりに対応するため、買い入れたか、自己創設したかを問わずオンバランスとする会計基準の設定も提案されている。しかし、ほとんどの無形資産が公開市場で売買されていないこと、それゆえ信頼性のある市場価値を有さないことを主たる理由として、そのような提案には賛同できない。このような特徴をもつ資産の評価の際には、機会主義的な数値操作が行われやすい。このため代替案として、証券規制当局は、企業による多様な非財務情報の公表の試みを奨励し、どの種のディスクロージャーが投資家にとって最も有用であるかを市場に判別させることを勧める。同時に、規制当局または基準設定機関は（英国を始め数か国ですでに行われているが）、新たに試みられる非財務情報の開示形式を規定することと、第三者である公認会計士がどの程度その信頼性を検証するべきかを真剣に検討し始めるべきである。

結局、将来的にアナリストはどのような役割を果たすのであろうか。もっと正確にいえば、どのような役割を果たすべきなのであろうか。様々な会計不祥事の結果、大手投資銀行数行は、自行のリサーチ・アナリストが自行が売買している株式を「過大評価」することを容認し、実際には奨励したことを理由として、州あるいは連邦当局による捜査を受けた。他にも新規公開株式情報を優良顧客に漏洩するなどの不祥事によっても捜査を受けている。まず、投資銀行のリサーチ活動を禁ずるという大鉈が振るわれ、その後、投資銀行とセルサイド・アナリストとを分離する新たなモデルの採用やアナリストの給与形態の変更など緩やかな改革が進められている。

投資銀行に所属するアナリストの将来性についての議論は興味深い。XBRLのような新技術によってアナリスト業界への参入が容易になるため、将来的にその重要度は減少するものとみている。そのようなプロセスを経て、やがてアナリストは、投資家からの要望によって仲介業その他の投資銀行の活動から自立することになり、アナリスト業界の競争は激しくなるにちがいない。少なくとも、新たな技術の登場によって、機関投資家のために働いているバイサイド・アナリストは仕事がしやすくなるであろうし、その一方で、増加傾向にある個人投資家は自らリサーチを行い、投資対象を決定することが可能になるであろう。そしてこの結果、ここ数十年間人気を伸ばしていたインデックス投資が減少する、あるいは少なくとも鈍化する可能性がある。

まとめ

企業情報開示問題に関心をもつ者にとって、現在は、興味深く、またまさに激動の時期である。しかし、選択の余地はない。エンロン、ワールドコムその他多数の巨大公開企業によるディスクロージャーの不備から生じた不祥事を契機として、誰もが想像せず、また歓迎しないかたちで、会計およびディスクロージャー政策に世間の関心が寄せられるようになった。

規制当局は、今こそ、ディスクロージャー制度を損なわないような改革の進行を目指さなくてはならない。本書では、この目標を達成するための具体的な課題を検討している。願わくば、企業情報開示に関する問題が、想像以上に興味深く、複雑であるということを読者には賛同、あるいは少なくとも認識してもらいたい。

第二章　米国の企業会計と監査をめぐる諸問題

企業会計に対する批判は何も目新しいものではない。一九二〇年代における不明瞭な会計報告や虚偽の会計報告（一）に対するクレームや世界恐慌による苦悩が一九三三年の証券取引委員会（ＳＥＣ）の設置をもたらした。ＳＥＣには、投資家が十分な情報提供のもとで意思決定ができるような会計規則の設定を指示し、監視し、強制する権限が与えられた。ＳＥＣは、設置後まもない一九三六年に会計基準設定を米国公認会計士協会（ＡＩＣＰＡ）に委託し、その後一九七三年には財務会計基準審議会（ＦＡＳＢ）に委託したものの、会計基準の監視権限と強制権限は依然として保持している。

エンロン問題や、近年明るみに出たその他の会計不祥事は、会計制度それ自体に問題があることを明らかにしている。直ちに会計基準の「見直し」に着手すべきではあるが、その前に、会計制度の抱える問題、総じて、企業情報開示の問題とは何かを理解しておく必要があろう。

本章では、会計情報、特に財務諸表に記載されている数値の主たる目的と限界について検討する。投資家の信頼を獲得し維持するためには、会計情報が**信頼に足る**ものでなければならない。そのためには、次のようなことが必要となるであろう。

・財務数値が一**般に認められた会計慣行**（一般に認められた会計原則――GAAP）に従って報告されていること。
・財務数値が**信頼できる**ものであり、適切な市場取引をもとに作成され、かつ一般に認められた監査慣行（一般に認められた監査基準――GAAS）に従って独立した会計専門家が検証していること。
・報告と監査にかかわる慣行が市場の強制力や政府関係当局、もしくは業界団体による実質的な**強制のもとにある**こと。

エンロンやその他の会計不祥事に共通していえることとは、主たる欠陥が会計基準そのものにあるのではなく、**企業自身の会計基準に対する準拠性の欠如か、規制当局の強制力の欠如のいずれかにある**、ということである。事実、エンロン問題において最も興味深いことは、適正なディスクロージャーを司る、いわゆる「番人」の役割を担った全ての機関が機能しなかったことである。ここでいう番人の役割を果たすメカニズムとは、SECやF

ＡＳＢによる会計基準の効果的かつタイムリーな指導、経営陣に対して課せられる受託責任、監査人、会計プロフェッションの監督機関（州、連邦政府、ＡＩＣＰＡ）、および法的責任を意味している。

「公正価値会計」は本来の会計基準の信頼性を維持するという目的をわかりにくくするだけでなく、こうした目的と矛盾していると思われるのだが、エンロンの会計不正が明るみに出た後でも、米国内でも国際的にも会計基準改革の方向性は「公正価値会計」を目指したままである。こうした公正価値会計にかかわる問題は、アナリストの間ではほとんど注目されていないので、本章で詳しく検討することにしたい。ただし、多くの人たちが関心を寄せる特別目的事業体（ＳＰＥ）の適切な会計処理にかかわる会計基準の問題は、本書での第一の関心事ではないし、少なくともエンロンのケースを材料にして解決できる問題ではないと考えている。というのも、エンロンのケースで問題視されているのは、取締役会が関与を認めた利益相反取引の会計処理とディスクロージャーが十分でなかった点にあるからである。

エンロンの問題が発覚したからといって、現行の会計基準の全てを否定し得るものではない。とはいえ、仮にエンロン事件以前にさかのぼることができたとしても、またエンロン事件が発生せず現行の会計基準が引き続き有効性をもっているとしても、現行の会計基準に限界があることも確かである。

さらに、米国の**会計基準設定プロセス**にもいくつかの問題がある。本章ではこれらの問題点を明らかにし、その解決策を第三章で提案する。

株主からみた監査済財務諸表の意義

所有の分散が進んでいる公開企業の株式を購入・保持・売却すべきかについて、投資家が十分な情報のもとで意思決定でき、必要に応じて情報が入手できる環境を整備することを目的として米国の証券取引法は制定された。このため、ディスクロージャーは投資家の利害のために行うということが社会通念となっている。しかし、それはなぜであろうか。

潜在的投資家は、直接企業からもしくは他の株主から株式を購入し、いったん自らの資金を企業に投下したら、企業の経営について、ほとんど口出しできないということを知っている。その結果として、投資家は、(下級の管理職も含めた意味での) 管理職が企業の資源をどのように運用するか、また株主のコストとなるような利害をどの程度有するかに興味をもつのである。こうした領域の報告は、会計の「スチュワードシップ」機能とよばれる。財務報告はまた、経営者を株主の利害に基づいて企業を運営するよう動機づけることにも役立つ。これは会計の「エージェンシー」機能または契約支援機能とよばれる。

投資家はスチュワードシップに基づく情報に加えて、自らの投資について、現在および将来の経済的価値を判断するのに役立つようなデータの提供を求めている。株主は、企業の株式が市場で活発に取引されているならば、株価をもとに自らの投資について一見してバイアスのない経済的価値を推定できるであろう。しかし、ここでいう株価の一部分は、財務報告によって提供された情報を反映している。もしも財務報告によって提供される情報に有用性も信頼性もないとすれば、情報を利用したとしても投資家が望むような結果とはならないだろう。したがって、潜在的投資家は財務報告以外からの情報を獲得するためのコストを負担することになるか、もしくは現在入手可能な情報に基づいて株式の購入額を割り引くことになろう。こうした状況は株式の価値を低下させ、潜在的投資家はこれまでよりも安くなければ株を買わないようになり、結果として現在の株主に対する損害となり得る。

会計情報の信頼性

企業に対して何らかの統制力を行使できる人という意味での株主は、企業の経営者が全ての投資家に対して、彼らが**信頼に足る**と判断できる財務報告がなされることによって利益が得られると考えている。本書では、信頼性を担保する要件は少なくとも三つあると考える。第一に、財務報告が**一般に認められた会計慣行**もしくは会計基準に基づいて作成されている、ということがあげられる。原則として、会計基準は、投資家がある企業の現在の財務状況、業績および将来予測を行い、また企業間の比較を行う際にかかるコストを軽減するものである。したがって、会計基準は一般に株式の需要を拡大させる効果がある。同様に、会計基準はこれを強制する立場にある会計専門家もしくは「外部監査人」を保護する機能も有している。これまでは、外部監査人は経営者によって任免されていたので(二)、体系化された会計概念や監査手続は外部監査人の指針となり得たし、また、外部監査人が経営者の要求によって財務諸表利用者をミスリードするような数値に対して監査証明を付さずとも済むようにしたのである。つまり、監査人であれば誰もが会計基準を遵守するので、自分よりももっと迎合的な監査人を捜そうとすることは意味がない、と経営者にいえたのである。

米国のGAAPは、FASBがSECの介入を受けながら設定したものである。またGAASはAICPAが設定している(三)。米国以外の国、特に欧州各国においてはロンドンに本部のある国際会計基準審議会(IASB)が会計基準を設定している。その他の多くの国では、国内独自の会計基準および監査基準を設定する独立した会計基準設定機関を有している。

第二に、数値は適切な市場取引における取引額に基づいているという意味で**信頼性ある**ものでなければならない。市場価格が入手不可能な場合や、入手可能であっても価格の信頼性が乏しい場合は、一般的な会計規則では収益の見積計上を認めていない。というのも、見積もりを行う経営者は楽観的であったり機会主義的であったりするために、収益を過大計上してしまうことが危惧されるからである(四)。一方、費用に関しては見積計上が一般に認められている。なぜなら、特定期間もしくは認識した収益に対応する費用を全く計上しないよりは、見積計上する方がまだましだからである(五)。サービスの提供に先立って対価の受け払いが行われたときの発生主義による期間配分、つまり収益および費用の期間配分の記録に関しては、特定の会計規則を適用する。もちろん、実際の取引データを記録するよりも見積計上に合理性が見出される場合、全てにおいて信頼性が低下することになる。重要なのは、企業とその経営者が潜在的に投資家やその他の財務諸表利用者をミスリードさせるような裁量の余地をどの程度もっているのかということである。

目的適合性　――報告数値が意思決定に影響を与える能力――　は、信頼性と同等もしくはそれ以上に重要な会計の属性であるという論者もいる。彼らは、数年前の建物取得時の記録は正確であったとしても、その記録は現在の建物の価値を知るには目的適合的ではない、という。建物を所有する企業の株式について、投資家が購入・保有継続・売却の意思決定をするにあたって知りたいのは、意思決定日現在にその建物にどれだけの価値があるのかということである。しかし残念なことに、建物の価値がつい最近測定されていたとしても、それは目的適合的とはいえない。最大限に努力して報告できるのは、決算日における建物の価値であって、投資家の意思決定日現在の価値ではない。さらに、ほとんどの資産が市場で定期的に取引されていないので、類似資産の実際の取引価格に基づいて市場価格を算定することもできない。仮に市場価格を算定できたとしても、継続企業が現に使用している生産財の価値（使用価値）は、市場価値（交換価値）よりも間違いなく高い。そうでなければ、企業はその資産を取得しなかったであろう(六)。ここでいう使用価値とは、企業が他の活動とともに、ある資産を使用した結果として期待できる純キャッシュ・フローの現在価値である。通常、この使用価値を測定するには大きなコストがかかることが多く、一連の仮定や予測をもとに見積もりせざるを得ない。このため、経営者による会計操作の対象となってしまう危険性をはらんでいる。

したがって、予測に基づいた使用価値は投資家にとって目的適合的ではないと結論づけられる。投資家の目的に適っているのはむしろ、彼らが信頼できる数値、すなわち入手可能であれば市場価値、そうでなければ馴染みある会計規則に従って調整・配分された取得原価に基づく価値なのである(七)。

第三に、会計基準と監査基準はともに**強制力**をもっていなければならない。外部監査人は、自らの監査手続がＧＡＡＳに準拠していること、そして財務数値がＧＡＡＰに準拠して作成されていることを確認する役割を担っている。監査で重要なのは、企業の会計システムと内部統制システムについての検査と試査にある。では、監査人がＧＡＡＳに準拠した監査を行っていることかどうかを確かめるのは誰であろうか。つい最近まで、監査基準は、公開企業の財務諸表公表後に違法性が認められた時に、監査法人に営業停止命令を出す役割を担っているＡＩＣＰＡ、州規制当局およびＳＥＣによって施行されていた。二〇〇二年、議会はＳＥＣへの報告義務をもつ公開会社会計監視委員会（ＰＣＡＯＢ）を新設し、これに監査プロフェッションを監督する権限を与えた。さらに外部監査人は、資格を剥奪されるのではないかという恐れや、被害をこうむった財務諸表利用者が訴訟を起こすのではないかという恐れによって規律づけされることになったのである。

エンロン事件の原因

エンロンの破綻は、GAASとGAAPが不完全であったのではないかという大きな疑念を生じさせた。その理由の一端は、エンロンの破綻が米国の史上最大（といってもワールドコムの破綻ですぐさま記録を塗り替えられるのであるが）であったことや、花形企業であったエンロンが突如として破綻したことにあった(八)。またエンロンのケースは、ガス・パイプライン事業に始まり、後にはエネルギー資源関連の様々な金融商品の開発や取引に発展したといった事業の複雑さと、その会計処理の不明瞭さという観点からも注目を集めた。

エンロンの株価は、一九九〇年代初頭には一株七ドルであったが、二〇〇〇年中盤には一株九十ドルにまで値上がりした。しかし、二〇〇一年十月十六日には、第三四半期の税引後純利益が十億ドル、株主持分が十二億ドル減少したと報告した。続いて十一月八日には、エンロンは過去の報告に間違いがあったとして、一九九七年から二〇〇〇年にかけての報告利益を修正し、株主持分をさらに五億八百万ドル減少させた(九)。

要するにエンロンは、一か月の間に二〇〇一年九月三十日に報告した株主持分の価値九十六億ドルの約二〇％に相当する十七億ドルを減らしたことになる。そして二〇〇一年十二月一日、エンロンは破産を申告した。その結果二〇〇一年末までには、エンロン株は一ドル以下で取引された。投資家や紙くずとなったエンロン株を大量に保有する年金プランの受給対象者となる従業員だけでなく、長期にわたり監査を行っていたアーサー・アンダーセンも崩壊の途をたどり、財務会計にかかわる米国の規制システムも改革を余儀なくされた。

エンロン事件の原因は何であったのか。会計基準と監査基準の整備が不十分であったことなのであろうか。それとも、エンロンと監査法人が所定の規則に準拠しなかったことなのであろうか。議会やSEC等による調査や、エンロンの社員や経営陣、会計担当者や弁護士に対する訴訟は、こうした疑問に対する答えを時間とともに明らかにしてくれるであろう。しかしそれを待たずとも、エンロンで何が起こったかは、すでに公表されている情報、具体的にはエンロン経営陣の特別委員会が三か月に及ぶ調査結果として二〇〇二年二月一日に公表した「パワーズ・レポート」をもとにすれば、納得のいく説明ができるであろう(一〇)。

エンロン事件において注目すべきは、次の五つの失敗である。

・SPEに対する投資の会計処理とディスクロージャー、偶発債務をSPEに飛ばしたこと、およびＳＰＥの取り扱い全般にわたって、エンロンが不適切な扱いをしたこと。
・報告純利益を増加させるような不正な収益認識をエンロンが行っていたこと。
・商業投資にかかわる資産と純利益を水増しするために、エンロンが信頼性の低い情報をもとに商業投資を公正価値評価して、修正報告を行っていたこと。
・ＳＰＥに引き受けさせたエンロン株の会計処理をエンロンが不正に行ったこと。
・関係会社間における取引、関連当事者間取引、およびこれらから生じる株主が負担すべきコストについて、エンロンが行った会計処理と報告が不十分であったこと。

以上のような五つの失敗は、一つを除いて明らかに米国ＧＡＡＰやＧＡＡＳに抵触している。第三番目の失敗は、エンロンによる公正価値会計のあまりにも安易な解釈に関係しているのだが、米国会計基準の本当の欠陥が白日のもとにさらされたことである。以下では、それぞれの失敗について、もう少し掘り下げて検討してみよう。

特別目的事業体（ＳＰＥ）

エンロンの虚偽記載の多くは、ＳＰＥの使い方に関係している。ＳＰＥとは、独立性ある主体によって保有される事業体であって、活動の目的とその期間が限定されている。ＳＰＥは何も珍しい存在ではなく、これまでも多くの企業が設立し利用してきた（一一）。とりわけ銀行や金融事業会社は、一九七〇年代後半から一九八〇年代前半にかけて、貸借対照表に計上している貸付金のオフバランス化を目的とした証券化のために、ＳＰＥを頻繁に利用してきた。我々の知る限り、金融会社がＳＰＥを通じて債務保証をする際には、ほとんど問題は生じなかった。というのも、出資企業が十分な債務保証をしなければならないという状況であったので、ＳＰＥの潜在的損失は信頼性ある測定値として提供される傾向があったからである。またＳＰＥは、非金融会社においても、長期リース契約による設備資産の取得や、研究開発（Ｒ＆Ｄ）のために用いられてきた。

エンロン事件で浮上した問題は、出資企業がどのようなときにＳＰＥの資産と負債を連結すべきか、ということである。米国ＧＡＡＰでは、出資企業がＳＰＥの株式の過半数を所有しているか、または外部投資家による所有がＳＰＥの資産の三％以下である場合に限って連結対象となるとしている（一二）。リースやＲ＆Ｄを目的としたＳＰＥについては、米国ＧＡＡＰでは、財務リスクがＳＰＥの持分所有者に移転したことを出資企業が明らかにできる限りにおいては連結しなくてよいことになっている。

しかしながら、エンロンが破綻し、取引関係にあった数百（おそらくは数千）のＳＰＥに対するエンロンの出資が明るみに出てしまったことで、金融業界ではＳＰＥの存在を口にすることすらはばかられるようになってしまった。さらに、エンロンはまた、在外事業からの利益について、米国内での課税を回避するために数多くのＳＰＥを利用した。不正会計で非難を浴びていたＳＰＥは、国内にあり、そして実体をともなう投資から生じた損失を隠ぺいする手段として機能したのである。問題となっている特定のＳＰＥの構造や活動については、ＳＰＥ自体がＳＰＥを設立し、これがエンロンと取引していたため、非常に複雑なものとなってしまった。以下では、こうしたＳＰＥについての重要な論点についてのみ検討することにしよう（一三）。

ＳＰＥの多くは、連結回避を目的に、外部の投資家に持分の全てを保有させることで、エンロンの資産保有率を三％未満にしていた。資金調達については、エンロンが直接的もしくは子会社を経由して間接的に保証した銀行借入か、エンロンの制限付株式や、市場価格よりも格安でエンロン株式を購入するオプション（エンロンはＳＰＥからの受取債権として記帳）によって行われていた。もしエンロンが関係会社との取引と、債務保証にかかわる偶発債務のディスクロージャーを、ＧＡＡＰに準拠して処理していたならば、ＳＰＥ

を連結しないという意思決定は選択肢になり得なかったに違いない。

エンロンのＳＰＥにかかわる会計処理に関しては六つの問題点があるが、**これらは全て現行のＧＡＡＰに抵触していたように思われる。**第一に、あるＳＰＥが外部投資家による資産保有最低基準の三％に抵触していたにもかかわらず連結対象とされていなかったことである。後にアンダーセンはこの問題に気づき、エンロンに財務諸表の修正を要求した。第二に、エンロンがＳＰＥの債務保証をしたことによって生じる偶発債務について、脚注に明瞭に表示するというＦＡＳＢの規則に従わなかった、ということである（一四）。適切な処理がなされていれば、アナリストやその他のエンロン財務諸表利用者は、エンロンが多額の債務弁済義務を負う可能性があること（最終的には負うことになったのだが）を知り得たはずである。

第三に、エンロンのアンドリュー・ファストゥＣＦＯやその他の従業員の支配下にあったＳＰＥ、つまりエンロンが都合よく使っていたＳＰＥについて、その資産と負債を本来連結すべきであるにもかかわらず連結しなかったことである。第四に、エンロンがファストゥを通じてＳＰＥを都合よく使っていたにもかかわらず、これらのＳＰＥとの取引はあたかも独立事業体との取引であるかのように装われていたことである。その結果、エンロンの帳簿には、当該取引から生じた純利益が不当に計上されることになった。第五に、エンロンが自社の株式やイン・ザ・マネー（権利行使価格が時価以下）となったオプションをＳＰＥに拠出し、その対価としてＳＰＥから手形を受け取っていたことである。この取引は、株式発行の対価として現金または現金同等物を受け入れることなしに株主持分を増加させることを禁止するという、基本的な会計慣行に抵触している。この過誤を修正した結果として、二〇〇一年十月に株主持分を十二億ドル減少させたのであった。

第六に、エンロンは株価下落時の株式評価損の計上を回避するために、ＳＰＥを引受人とするプット・オプションを使ったのであるが、オプションを引き受けたＳＰＥがエンロンの未払込株式とエンロンの保証付債務とを保有していることを開示していなかったことである。ＳＰＥの資産価値は、エンロンの株価下落とともに減少するので、エンロンの株価が下落したときに、ＳＰＥはエンロンと交わした契約に基づく報酬の支払いができなかった。また、ＳＰＥは銀行ローンについても返済することができず、これを保証したエンロンの債務となってしまった。

本書では多くの論者がいうように、エンロンによるＳＰＥの利用によって、米国ＧＡＡＰの（連結にかかわる）基準の三％という数値が低すぎることを問題視しているのではない。むしろ、エンロンがＳＰＥを使って現行規則やその他の会計原則に抵触するような取引をしていたことを問題点として明らかにしているのである。エンロンは現行規則を悪用し、監査人はこれを止めることができなかった。このことこそ、エンロンとそのＳＰＥから学ぶべき教訓といえよう。

不適切な収益認識

一部のＳＰＥは自らの債務保証にかかわる費用をエンロンに対して支払っていた。ＧＡＡＰでは、債務保証期間に対応した収益認識のみを認めているのであるが、エンロンは何百万ドルもの前受分を当期の収益として計上していた。また、資産の売却直後もしくは一定期間後に、同一もしくは同等の資産を「同額」で買い戻すという方法で、かなりの「架空売上」も計上していたようである。こうした取引は、売上から生じる報告利益を水増しすると同時に、一部の資産の簿価水増しにつながったのである。

公正価値による再評価

ＧＡＡＰは、満期保有を目的としない有価証券について、公正価値――この言葉の意味は後述する――が実際の取引価格（第三者取引での価格）に基づいて決定できないとしても、評価替えを要請している。このような場合に、ＧＡＡＰでは、個別評価か、割引期待キャッシュ・フローを用いたモデルに基づいた評価を要求している。

こうしたモデルの問題点は、総じて経営者の望む利益を記録できるような「合理的」仮定を設ければ、純利益の操作が可能となることにある。エンロンがエネルギー契約（十年以上先のものまであった）と商業投資においで行ったのは、まさにこれであったといえよう。とりわけ問題だったのは、エンロンがブロックバスターやブレイブハートと行ったブロードバンド事業への投資とジョイント・ベンチャーであった。エンロンは十億ドル以上をブロードバンド事業に投資し、二〇〇〇年に四億八百万ドルの収益を報告しているのだが、その収益の大半はファストゥの支配下にあるＳＰＥへの売上によるものだった。二〇〇〇年にも、エンロンは、ベンチャー設立後二週間足らずで全く利益を獲得していないにもかかわらず、ブレイブハートへの投資を、公正価値で一億二千五百万ドルと評価し、これによって五千三百万ドルの利益を得たことになった。ブロックバスターはこのベンチャーからの利益を全く計上しないまま二〇〇一年三月に契約を解消しているのだが、エンロンは二〇〇一年第一四半期に、このベンチャーからさらに五千三百万ドルの利益を獲得したことになっている。これらの利益に関してエンロンは同年十月に一億六百万ドルの過年度利益修正と追加損失の合計一億八千万ドルを計上することになり、これがエンロンの社会的信用喪失と実質的な破綻につながったのだった。

本章で後ほど触れるが、エンロン事件によって明らかになったように、公正価値会計は不正処理の対象になりやすい。一方で、エンロンとは正反対に公正価値にかかわる規則を正しく適用させようとしている人たちも確かに存在する。しかし、本書は公正価値測定に反対する。というのも全面的に公正価値測定を認めたり強制したりすると、測定した価値を検証するのに十分な取引市場がない場合に、阻止することのできない悪用の機会をあまりにも多く与えてしまうことになるからである。エンロンの犯した会計犯罪のうち、公正価値会計の悪用については、会計規則そのものの問題点を明らかにしたものであると考えられよう。これ以外は、会計規則を無視した（もしくは無視している）ということを意味している。

SPEに向けた株式発行とその保有

GAAPや長い間培われてきた会計実務では、現金または現金同等物の受け入れのない株式発行の記帳は認められていない。エンロンはまさにこの認められていない方法を使って十億ドルを捻出したのである。なぜこのようなことができたのか、その原因は未だ解明されてはいないが、アンダーセンがこの不正を発見できなかったのか、それともエンロンによるそのような処理をアンダーセンが認めたのかのいずれかであろう。エンロンが二〇〇一年十月に発表した修正報告は、エンロンの会計処理の疑わしさに目を向けさせる結果となった。エンロンのみならず、自社の株価上昇にともなって利益を計上した企業についても同様に疑念が向けられた。エンロンは、SPEの保有するエンロン株を対価として、投資銀行が新株を引き受けるという違法なやり方で新株発行を行った。この結果、エンロンの株価が上昇すれば株式やオプション契約を公正価値で記帳しているSPEの資産が増加する。そして、エンロンはSPEへの投資を公正価値で計上しているので、SPEの資産増加から収益が計上されたのである。

関連当事者間取引についての不完全なディスクロージャーと利害対立

エンロンは関連当事者間取引を行っていたことを、ファストゥの言葉として委任状説明書で開示している。しかし、このことはSECが要請する年次報告書（一〇K）には記載されていない。二〇〇〇年の年次報告書（一〇K）の脚注一六には、「関連当事者間取引については、無関係の第三者との取引と比較しても正当なものである」と記述されている。しかしこの記述は、文字通りに受け止めることのできるものではない。つまり、無関係の第三者がファストゥと同じようにコメントすることは極めて信じがたいのである。事実、「パワーズ・レポート」では、ファストゥはエンロンと取引関係にあったSPEの経営者として三千万ドル以上を得ており、またファストゥの部下である従業員も、これとは別に少なくとも一千百万ドルは得たとされている。さらに、ファストゥの支配下にあるＳＰＥについての詳細な調査結果によると、ファストゥが勧誘した外部の投資家は、ＳＰＥへの投資でほとんどリスクを負うことなく、また不正な利益報告と損失の遅延計上の手段を提供する以外にエンロンに対してほとんど何の便益を与えることもなく、数百万ドルを手にしたのである。これら一連の実務は、ＦＡＳＢとＳＥＣの規則、すなわち経営陣が関連当事者となる六万ドル以上の取引は開示しなくてはならないという規則に抵触している(一五)。

ま と め

公正価値会計にかかわる部分を除けば、現行のＧＡＡＰはエンロンによる虚偽の会計報告の全てをカバーしている。つまりエンロン事件の問題は、単にエンロンが現行規則に準拠できなかっただけにすぎない。もっというなら、エンロン事件の問題はアンダーセンがＧＡＡＳに準拠しないままに、適正意見を出すことを認めてしまったということである。

エンロンだけなのか

エンロンの問題はこれまでになく多くの論議をよんだのではあるが、問題はエンロンだけではない。第一章で検討したように、過去数年の間に、多種多彩な会計不正が注目を集めた。これまでどのような会計不正が行われたのであろうか、また会計不正は以前よりも本当に増加しているのであろうか。

　チャールズ・マルフォードとユージン・コミスキーによる『投資家のための粉飾会計入門』は、ＳＥＣによる報告書、記者発表および企業財務報告をもとに、一九九〇年代後半から用いられてきた多くの創造的会計や粉飾会計について検討している。詳細が知りたい読者は、同書を参照して欲しい（一六）。この著書の興味深いところは、マルフォードとコミスキーが指摘している会計実務はＧＡＡＰやＧＡＡＳに対する徹底的な批判の根拠とはならないことである。改めていうが、問題は現行規則に準拠していない、もしくは規則の適用が強制されていないことにある。

　彼らが指摘するところの不明瞭な会計処理の多くは、収益計上を悪用した粉飾である。では、収益はどのようにして不正計上されるのであろうか。マルフォードとコミスキーは次のような方法があると述べている。①商品が未発送もしくは次期以降に発送されるにもかかわらず売上を計上する方法。②強引な販売を行い、おそらく返品が予想されるような売上を収益として計上する方法（「押し込み販売」）。③次期以降の複数期間にわたってサービスを提供するにもかかわらず、受領した対価を全額当期の収益として計上する方法。④

割賦販売で将来の代金回収に不安があるにもかかわらず販売時点で全額を収益計上する方法。⑤代金の回収可能性がないにもかかわらず、販売業者に対して商品を発送した時点で収益計上する方法。⑥実質的に販売を無効にするような契約を付しているにもかかわらず、そのまま売上計上する方法。⑦決算日以降に発送した商品売上による収益を、当期の収益として決算日後に追加計上する方法(一七)。

マルフォードとコミスキーは費用の不正計上についても述べている。たとえば連結対象外の関連会社に対する販売促進費と広告宣伝費を計上し、商品を発送した時点で収益を計上するのだが、販売促進を行った先に対しては報酬を支払うという義務にかかわる費用と負債を計上しないというものがある。ある企業は、経営者交代時に次期以降の費用を不当に減らす「ビック・バス」とよばれる方法を使う。また、当期に帰属する保証費用と不良債権にかかわる損失とを過少計上する方法もある。過度の資本化や償却期間を延ばすことで当期の費用を減少させることもある。なお、二〇〇二年にワールドコムが行った費用の資本化は、マルフォードとコミスキーの著書が出版された後に行われたものなので、同書では扱っていない。

上記のような方法は、単なる会計処理方法の悪用だけではない。企業は法的な請求権のない受取債権(輸送会社に対して商品が壊れたという嘘の請求や回収不能な請求)を計上することで資産を過大計上する。棚卸資産については、在庫数量を多くしたり、評価損（在庫の傷みや不良、過剰在庫、陳腐化）の記帳のタイミングを遅らせたりすることで過大計上する。株式と債券については、価格の回復がほとんど見込めないとしても、公正価値評価による評価損の認識を遅らせるのである。負債については、債務保証のような将来支出の見積もりだけでなく、買掛金、未払税金、環境浄化費用、年金やその他の従業員給付についてまで過少計上する。

要するに、会計不正の方法は数もバラエティも豊富なのである。では、どういった種類の企業と監査人がこうした会計不正を行っているのであろうか。大企業なのか、それとも中小企業なのか。第一章での検討結果や、ここ数年のメディア報道によれば、会計不正の舞台は大企業、もっといえば巨大企業である。しかしこの傾向は最近のものである。入手可能な証拠資料によれば、初期の会計不正の舞台は小規模企業とその外部監査人に集中していたことが明らかである。

ビアズリー、カーセロ、ハーマンソンは、粉飾を行った上場企業に対して、ＳＥＣが一九八七年から一九九七年の間に出した、会計と監査に関する執行措置通牒（ＡＡＥＲ）の全てを調査した（一八）。彼らが調査対象とした十年間は、よく知られている大企業による会計不正をまとめた図表１・１以前の期間である。一九八七年から九七年における彼らの調査は、会計不正が小規模の企業に集中していることを明らかにしている。無作為抽出による粉飾の疑いのある三百社のサンプルのうち二百四社は小規模企業であり、これらの七八％の資産規模は一億ドル未満である。さらに興味深いことに、これらの企業では管理者（AAERが名前をあげたCEOの七二％とCFOの四三％）が粉飾にかかわっており、取締役会が十分に機能しなかったということである。同調査で確認した会計不正の半数については、多くが収益の架空計上や前倒計上による収益認識の違反であった（一九）。

ごく少数の企業と取締役（三十五社と取締役三十人）は罰金を支払い、原告と金銭による和解を成立させている。七十六社の取締役の何人かは解雇され、五十四社の取締役については、他のSEC登録企業への在職が一定期間禁じられた。起訴されたのは三十一人の取締役のみで、そのうち二十七人が投獄される結果となった。

このような不正に対して、監査人が自らの職務を遂行できなかったのはどのようなところにあるのだろうか。また、どのような会計事務所が職務を遂行できなかったのであろうか。調査では、SECが公表した百九十五ケースのうち、五十六ケース（二九％）では外部監査人の名前が公表されている。このうち、大手会計事務所に所属している監査人は十人のみであった。また、この五十六ケースのうち、二十六ケースは監査が不十分であったことで罪に問われている（インサイダー取引のケースも含む）。この二十六ケースのうち九ケースは大手会計事務所が関与したものである。
GAAPに対する重大な違反を許可もしくは教唆したような外部監査人や、クライアント企業がやったことさえも発見できないような不十分な監査しかできなかった外部監査人に対して、SECは何をしたのであろうか。ビアズリーらの調査では、SECに粉飾を摘発された財務諸表がGAAPに準拠していると証言した監査人個人やその会計事務所に対するSECの強制措置には全く触れられていない。しかし、強制措置は重要な問題を明らかにしているので、後に検討する。

ところで、ここのところよく耳にする「報告利益の修正」についてはどうであろうか。数値にはどれほどの意味があるのか、またその背後には何が隠されているのか。国際財務管理者組織（FEI）の調査は、こうした疑問に答えてくれている(二〇)。FEIは複数のデータベースを使って、一九七七年から二〇〇〇年における不正と過失による財務諸表の修正が自発的なものか、監査人の強制によるものか、それともSECの強制によるものか、について調査した。その結果、一九七七年から一九八九年の間で二百二十四件の修正報告（年平均十七件）を発見した。また一九九〇年から一九九七年については、三百九十二件（年平均四十九件）あり、一九九八年から二〇〇〇年については四百六十四件（年平均百五十五件）あった。

この調査では、修正報告の理由についての非常に興味深い集計を行っている。その内訳は、収益計上の虚偽が三八％、費用の過少計上が二八％、貸倒損失の過少計上が九％、IPR&D（途上にある研究開発）が六％であった。FEIによるデータの収集方法では、小規模企業のケースが除外されがちである。にもかかわらず、修正報告後も株価データが入手可能な企業のうち、一九七七年から九四年における件数の八八％、一九九五年から二〇〇〇年における件数の七四％は、財務諸表修正報告前の時価総額が五億ドル以下であった（二二）。時価総額が十億ドル以上の企業は、一九七七年から九四年では八％、一九五五年から二〇〇〇年では一七％にすぎなかった。財務諸表修正のアナウンスによる株価下落をもとにして、修正報告後三日間における時価総額の損失を計算したところ、その減少額は一九九八年以前は年九億ドルと相対的に小さいことがわかった。しかし、年間の減少額は一九九八年で百七十億ドル、一九九九年で二千四百十億ドル、二〇〇〇年では三百十億ドルであり、これらの減少額のほとんどが減少額の上位十社によるものであった。修正報告を行った全企業が被った損失は、合計すると、修正報告をした企業の時価総額の〇・二％足らずにすぎなかった。

パームローズとショルツの調査は、これまでに実施された修正報告の調査の中で、おそらくは、最も網羅的なものである（二三）。彼らは一九五五年から一九九九年における過年度の財務諸表の修正について、複数のデータベースでキーワード検索を行った。結果、彼らは四百九十二件に及ぶ財務諸表修正のケースを発見した。修正の件数は、四十四件、四十八件、九十件、百六件、二百四件と年を追うごとに増加している。これらのケースのほとんどは小規模企業によるものである（資産総額の平均は十一億ドルだが、中央値は八千九百万ドル）。三分の一以上が財務諸表の修正の理由を複数あげているが、最も多いのが収益計上の過誤で三七％であった。これらのうち、二九％は合併にかかわるもので、一九％はＩＰＲ＆Ｄの償却にかかわるものであった。修正を行ったケースのうち、三八％の企業と経営陣に対して株主集団代表訴訟が起こされていた。また三五％については、監査人も訴訟の対象となっていた。訴訟の理由として明示されたのは収益計上の過誤だけであった。

要するに、財務諸表の修正報告に関する複数の調査の結果はよく似ている。財務諸表の修正報告の件数は増加しているけれども、ＳＥＣに報告を行うのが一万七千社であることを考えればまだ非常に少ないといえよう。財務諸表の修正報告をよく行っていたのは、つい最近まで比較的小規模の企業であったり、財務諸表の修正の理由として最も多かったのは収益計上の過誤であった。また、財務諸表の修正報告を行った企業のうち、企業とその監査人が訴訟の対象となったのはほんのひと握りにすぎなかった。近年、財務諸表を修正した企業の損失は特に甚大であったが、投資家の損失は全体的にみれば小さなものであった。

しかし、監査やＧＡＡＰの不備は単に投資家個人の問題ではないので、ここでいう損失は監査やＧＡＡＰの不備から生じる社会的コストの総額を過小評価していることになるであろう。評判失墜に耐えているその他の外部監査人は、エンロンの崩壊やその他の企業による虚偽の財務報告によって、より大きな法的責任を負わされ、多大な負担を課されることになった。また、利益報告やその他の財務情報の信頼性が失墜し、既存の企業評価法は全く機能しなくなったと見なされたことで影響のあった企業の株式を保有していた投資家のみならず、投資家という集団全体が被害を被った（二三）。

ここ数年、財務諸表の修正報告の件数が飛躍的に多くなったのはなぜであろうか。これには三つの理由がある。一つは、ＳＥＣのアーサー・レビット元委員長の発言によって、ＳＥＣが会計操作とＩＰＲ＆Ｄの会計処理にかかわる積極型会計への規制を始めたことである（二四）。あと二つはＦＥＩの調査が明らかにしている。一つは、ＳＥＣが登録企業に対して、次期以降の修正ではなく、これまで重要性が認められなかったような過去の財務報告の修正処理を指示したことにある。もう一つは、企業側がＳＥＣスタッフに登録届出書を受理してもらうことを優先するあまり、軽微な財務諸表の修正の指摘については争わないで容認する姿勢をとったことにある。したがって、少なくとも本書で検討した調査の範囲では、近年の財務諸表の修正報告件数の急増は、企業の会計実務が悪化したというよりも、SECの手続変更の結果といえそうである。

とはいえ、会計問題の中心となっている巨大公開企業の数は一九九〇年代末から増加してきていることも明らかである。こうした傾向の背後にはどのような要因があるのだろうか。確かな証拠があるわけではないが、最も説得力があるのは、利益連動型ボーナスや自社の株価に連動したストック・オプションといった業績連動型報酬が広範に用いられたから、という説であろう(二五)。おそらく多くの企業について当てはまると思われるが、業績連動型報酬は本来ならば健全な企業業績をもたらすものである。しかしながら、巨大企業の一部の経営者にはこれが当てはまらず、役員向けのストック・オプションを利用してボーナスや利得を短期間で得ようとした彼らは、利益増や株価高をもたらすような積極型会計に走ったのである(二六)。証券市場は収益や利益が事実でないことをいずれは見抜くのであるから、率直にいって、こうした戦略は短視的であるといわざるを得ない。しかし、株価下落前に売却し現金化することができる経営者や、企業の収益や純利益の成長がそのうちに実現すると信じて疑わない経営者にとっては、粉飾のインセンティブが強すぎただけなのかもしれない(二七)。

業績連動型報酬とストック・オプション

本書における分析の妥当性（そしてさらなる実証研究の必要性）を証明できれば、解決策は業績連動型報酬制度の使用禁止・制限でなく、業績連動型報酬制度をどう組み立てるかにあるといえよう。本書の筋書き通りであれば、業績連動型報酬は株価上昇による報酬と株価下落によるペナルティの両方を与えるものとなり得るであろう。こうした目的からは、ストック・オプションよりも現物の株式や疑似株式（ボーナスとペナルティを計算するための仮想株式）の付与の方が優れている。というのは、ストック・オプションは経営者に対して株価上昇時に報酬を与えるが、（株価下落時には）オプションの価値を失う株価にまで下がった時にだけペナルティを与えることから理想的とはいえないし、さらに、迎合的な役員はオプションの権利行使ができるように、行使価格をしばしば下げようとすることさえもあるからである。

現在は、社外取締役と社外取締役のみで構成される報酬委員会（証券市場による現行の要請では、委員会設置が新規上場のための条件となっている）とによって報酬制度の監視が行われることで多少なりとも状況は好転している。不明瞭な会計処理や粉飾を明らかにすることを目的にした外部監査人による監査がそうであるように、従業員ストック・オプションという株主にとってのコストを財務諸表上に十分に開示することは効果的であると同時に役立つものである。

本書では、ストック・オプションについての、より有効な開示に重要性を見出していることを強調しておこう。現在、ストック・オプションは脚注で開示されているのだが、付与時には費用計上されていない(二八)。脚注開示はストック・オプションにかかわる情報を必要とする投資家にとって十分な情報を提供しているという主張もあるが、なぜこの種の報酬に後払い賃金や企業年金とは異なる会計処理を適用すべきなのか、営業費用から除外すべきなのかという理由は見出されていない。ストック・オプションを費用として認識しないのは、当期の収益獲得に要した費用は当期の収益にチャージすべきとする、基本的な費用・収益対応の原則に明らかに違反している。

全てのオプションが価値をもつように、ストック・オプションに価値があるということに異論を挟む余地はないであろう。唯一の問題は、オプションの価値が検証可能な方法で測定できるかどうかである。この問題は「ブラック=ショールズ」モデルを使ってストック・オプションを評価すれば解決できることから、ストック・オプションの費用計上を支持する方が優勢のようである(二九)。このモデルの作者は、ストック・オプションの価値は、原株の過去の株価変動、権利行使期間および金利に依存していることを明らかにした。ブラック＝ショールズ・モデルは多くの仮定の上に成り立っているのではあるが、各々の変数は容易に決定することができ、かつ検証可能である(三〇)。

ストック・オプションの費用計上に反対する論者は、ブラック＝ショールズ・モデルでは、オプション本来の価値を測定できないという。なぜなら、企業が役員に対して付与するオプションは、市場で流通するオプションにはない制限を課したり、権利行使期間を長く設定したりすることが一般的だからである。しかしながら、こうした制限はブラック＝ショールズ・モデルやその他の価格モデルで変数として数量化することができる。モデルを使った推定は、受取債権の回収可能額や退職給付の現在価値の見積りにおける不確実性と本質的に同じ問題を抱えているのだが、オプションの評価額をゼロにしてしまうよりはいいであろう。費用計上反対論者はこのゼロ評価を支持しているのである。もちろん、類似したストック・オプションが実際に市場で取引されていれば、ストック・オプションによる報酬の価値は簡単かつ正確に算定することができる。実際、従業員に付与したストック・オプションの市場価格は、従業員に付与しなければ企業が投資家に販売することができた金額を意味するのであるから、こうした形態の報酬の機会費用であるといえる。

ブラック＝ショールズ・モデルに対する技術的な反論は、いずれにせよ、他のオプション評価モデルにも当てはまらない。たとえば、定期的にオプションの値付けをしているインディペンデント・ブローカーはオプションを評価できている。企業もまた従業員に付与したのと同様のオプションを投資家に対して売ることができ、これによって従業員に付与したオプションの市場価格を得ることができるであろう。また、企業は株主に対して配当とともに同様のオプションを付与したり、従業員に付与したのと同じ行使期間のオプションを購入する権利を株主に付与することもできよう。

ストック・オプションを費用計上すると、これを報酬として用いている新興企業の成長の足かせとなりかねない、とストック・オプション費用計上反対論者は主張する。しかし本当にそうであろうか。確かに、ストック・オプションを費用計上すると、報告利益は二〇〇一年のS&P五〇〇採用銘柄で二五％ほど減少する(三一)。しかし、現金報酬であっても、年金その他の医療給付であっても利益を減少させるのであるから、ストック・オプションの費用計上に疑問を挟む余地はない。新興企業が投資家をミスリードするような財政状態の報告をしなければ資金調達ができないとすれば、こうした企業はそもそも資本調達すべきではないのである。

会計不祥事が明るみに出た結果、二〇〇二年の夏には、アメリカの実務界におけるこれまでのストック・オプションの費用計上反対論に亀裂が入り始めた。この時期、大企業ではボーイングとウィン・デクシィの二社のみがストック・オプションを株主に対する費用として損益計算書に計上し、報告していた。しかしながら、連邦準備制度理事会のアラン・グリーンスパン議長の「多くの企業が費用計上を行えば議会で法制化する必要がなくなるであろう」との発言を受け、二〇〇二年の夏には、バンク・ワン、シティグループ、コカ・コーラ、ゼネラル・エレクトリック、ゼネラル・モータース、ホーム・デポ、ワシントン・ポストなどの有名企業がストック・オプションの費用計上に踏み切った。

一九九〇年代に費用計上をしないという議会決定をしたことが好ましくなかったように、どんな事情があるにせよ、ストック・オプションの費用計上を議会で決定することは好ましくない。本書では原則として、会計基準の設定に政治的影響があってはならないと考えている(三二)。とはいっても現に政治的影響を受けているからといって、これが米国の現行システムの欠陥を意味しているのではないことを、本章以下および第三章で明らかにしたい。米国企業の数社がストック・オプションの費用計上を行った今となっては、FASBは全ての公開企業に対して、米国GAAPとして同様の処理を要求しなければならないであろう（ストック・オプションの価値を測定する方法まで特定する必要はないが）。FASBがこの問題に取り組まなければならないのにはもう一つの理由がある。それは、二〇〇二年夏にストック・オプションを費用計上する方針を明らかにしたIASB

に歩調を合わせる必要性にある。ＦＡＳＢはこの状況を十分に理解し、二〇〇二年八月にＦＡＳＢのスタッフにストック・オプションの費用計上に向けた検討の着手を指示し、二〇〇二年十一月にＩＡＳＢの草案に対するコメントを募集した。これは、好ましい兆候であった。

公正価値の問題点

本章では、会計基準における主要な論点の一つとなっている公正価値会計について、基準の強制力が不十分であるというだけでなく、エンロンがこれを悪用したのだということを明らかにした。以下では、この問題をさらに詳しく検討する。

公正価値とは、取引を望んでおり、かつ十分な情報をもつ第三者との間での資産の交換もしくは負債の返済に必要な金額である。公正価値は、企業が使用する純資産の現在価値としての検証可能な企業価値や、割引現在価値を提供するものではない。しかし、公正価値が信頼性ある測定値を提供できれば、現在の貸借対照表に記載されている多くの数値を改善できるであろう。

貸借対照表に記載されている多くの数値が現在の価値を十分に反映していないとか、その測定値が根本的に誤っていると頻繁にいわれる理由はここにある。たとえば、建物や設備といった固定資産は、取得原価と既償却額の差額として計上されている。この計上額には物価変動修正はなされていない。また、資産の取替原価や、企業にとっての固定資産の使用価値や、資産の売却額を測定しているわけでもない。自己創設のれんについては、あたかも価値がないかのように貸借対照表には計上されていない。自社の発行する固定金利付社債（の貸借対照表評価額）は、市場金利の変動があっても修正されていない。したがって将来の年金および退職給付債務の現在価値が不確実な見積もりのもととなっているに違いない。

ＳＥＣ、ＦＡＳＢおよびＩＡＳＢは、特定状況下において、金融商品を公正価値で評価することによって、多少なりとも貸借対照表に現在の価値を反映させようと試みた。たとえば、（ＦＡＳＢが定義するように）ヘッジを目的としないデリバティブやエネルギー供給契約は、市場性ある債券や持分証券のように時価に評価替えし、損益計算書に利得と損失を計上しなければならないことになっている。同様に、「売却可能」有価証券についても時価に評価替えしなければならないが、評価差額は（補足的に）包括利益計算書に計上されるにすぎない。ただし、満期保有目的の上場債券は評価替えをしない。しかしながら、ＳＰＥに移転した資産と投資会社やベンチャーキャピタルが保有する金融資産については、取引相場の有無にかかわらず公正価値で評価しなければならない。この例外規定の存在が、財務諸表利用者に有害な利益操作のチャンスを機会主義的な経営者に与えてしまうのではないかと危惧している。

ＦＡＳＢは、公正価値のあるべき測定について次のように述べている。

> 取引相場価格がない場合、公正価値の見積もりは、その状況において入手可能な最善の情報をもとに行うべきである。公正価値の見積もりは、類似する資産または負債の価格を考慮すべきであり、またその状況下において利用可能な価値評価法によるべきである。ここでいう価値評価法には、将来キャッシュ・フローの期待値をリスク調整済みの割引率によって割り引いた現在価値、オプション価格決定モデル、マトリックス・プライシング、オプション調整後スプレッド・モデル、およびファンダメンタル分析が含まれる（三三）。

投資会社について、ＡＩＣＰＡは「取引相場価格がない場合、継続的に適用している方法であり、かつ取締役会の良心に基づいて選択した方法によって公正価値の見積もりが行われるべきである」（三四）としている。

多くの経営者は公正価値の見積もりにおいて、慎重に検討し、客観的な数値や、信頼性あるモデルを選択している。しかし一部の経営者が、公正価値の見積もりがはらむ問題を悪用し、当期利益を増加させるような見積もりをしているのである。

問題なのは、将来キャッシュ・フローや割引率といった公正価値を計算する上で必要となる要素の予測が困難であり、この予測が根本的に誤っている可能性がある、ということである。その結果、算定される価値はともすればしばしば信頼性を失ってしまう。各々のモデルは理論的に構築されてはいるが別のモデルであるので、同じ数値を投入しても異なる結果が導き出されるのである。一般物価変動や個別物価変動といった市場の状況は時とともに変化するし、また、その他の事業活動とともに変化するというように、見積もりのプロセスは複雑である。公式か非公式かは別として、経営者は資産の購入前に割引現在価値の見積もりをしてはいる。しかし、この見積もりは純キャッシュ・フローの割引現在価値が当該資産のコストを上回っているということを示すためだけに行われるにすぎない。「資本予算」とよばれるこの分析は、はっきりいってしまえば無駄なのである。

公正価値評価による数値は信頼性が低いだけでなく、利用者を故意にミスリードさせるものでもある。特定の会計期間の業績が良好であったかのように装いたい経営者は、資産から生じるキャッシュ・インフローの見積もりを増加させたり、キャッシュ・アウトフローの見積もりを減少させたり、適用する割引率を引き下げることが容易にできる。キャッシュ・フローの見積もりがはずれたことが判明したら（経営者がバイアスのない見積もりを試みてもはずれることが一般的なので）、経営者は見積もり時点とは（不可避に）状況が変わったと言い逃れることができるだろう。また、経営者は変化を合理的に予測することはできないとか、確率をもとに結果の範囲が正しく予測できており、実際の結果もその範囲内であったと弁明することもできるだろう。評価が根本的に間違っていたことが後でわかると、経営者のこうした言明の妥当性を証明する外部監査人は、自らの評判を失墜させてしまいかねない。事実、ドイツ議会は、粉飾や投機が頻発したことを受けて、公正価値測定は信頼性に欠けるとし、十九世紀に禁止したのであった。同じような理由からSECも、当初は見積もりや評価を認めてはいなかった。エンロンの問題が何であったかを明らかにする箇所で、本書がこうした立場をとる今日的な理由を明らかにしたい。

固定資産と無形資産を定期的に公正価値で再評価しない最大の理由は、信頼性が欠如しているためである。固定資産と無形資産を公正価値評価することは認められないものの、金融資産の公正価値評価支持者が主張するように、金融資産に限ってみれば公正価値は使用価値に近く、信頼できる測定値も得られることから、公正価値評価が認められている。しかしながら、公正価値評価支持者はＦＡＳＢの例外規定を見落としている。すなわち、例外規定を利用することで、機会主義的な経営者は、あらゆる資産を再評価し、その評価差額を損益計算書に記載できるのである。

この例外規定がどのように機能するか説明してみよう。まず、ある会社の完全子会社が新商品、新設備もしくは新事業を入手し、親会社の経営者が子会社で再評価したい資産をこの子会社に移転したとしよう。わかりやすくするために、ここではこの子会社をＦＶ社としよう。今、親会社はＦＶ社の株式という金融資産を所有している。大会社はこうした方法によって、ＦＶ社その一、ＦＶ社その二……と続く一連の子会社群を設立し所有することができる。経営者は、株式ブローカーや投資会社（ベンチャーキャピタルや事業育成会社など）を経由して一連の子会社間で株式を交換する。ＦＡＳＢの会計基準は、取引相場のある証券についてのみ公正価値評価を認めているが、自らの投資を公正価値評価することが要請されているこれら一連の子会社については例外とされている(三五)。ＦＶ社の株式は市場で取引されていないので、必然的に、無形資産も原資産に含めて経営者が予測した公正価値が評価額となる。そして最終的に、子会社は親会社によって一〇〇％所有されているので、親会社の連結対象となり再評価された資産が連結財務諸表に記載されることになる。つまり、こういうことである。いかなる資産であっても経営者が望む価値に再評価でき、再評価差額（通常は評価益であると思われるが）が損益の一部として報告されることになる（三六）。

確かに、信頼性のない市場データをもとにした公正価値だけが、会計で用いられる市場に基づかない見積もりというわけではない。貸倒引当金や製品保証引当金、返品調整引当金、毎期の償却、退職給付債務やその他の従業員給付債務、従業員ストック・オプションは、見積もりを必要とする項目のうちでも重要性の高いものであるが、これらの見積もりは当期に認識された収益に対応する負債と費用を報告するために行われることを強調しておこう。これらは、一般的に、経営者による恣意的操作を排除するために、事前に決められた手続を用いて行われる。さらにいえば、事前に決められた手続を採用する以外は、負債と費用を報告しないという選択肢しかない。これとは対照的に、資産の公正価値は、経営者が報告利益を増加させるために使える（また場合によっては以前からずっと使っている）評価法なのである（三七）。

誤解のないようにいっておけば、本書での公正価値会計への批判は、投資家に対して、また監査証明において、いかなる公正価値も提供すべきではないと主張しているわけではない。報告純利益の算定においては、「十分な取引量のある」市場で取引されていない資産の評価に公正価値を用いるべきではないと主張しているのである。本書では、現に市場で取引されていて信頼できる価格情報があるような資産に対する（本書でいう市場価値の意味での）公正価値の使用には大賛成である。また、企業の市場価値を知りたい投資家らはその他の情報源を探すことができるし、またそうでなければならないであろう。

強制力の欠如

これまで、ディスクロージャーにかかわる諸問題は、会計規則自体ではなく、それらを強制することの失敗にあったことを論じてきた。こうした基準の強制力の問題は広範にわたっているように思われる。適切なディスクロージャーを確実に実施させる役割を担った様々な制度、メカニズムおよび番人、具体的には、企業の経営者・取締役、監査人、私的・公的規制担当者、（粉飾に対する）刑事告発や（過失に対する）民事訴訟への危惧が多かれ少なかれそれぞれの役目を果たせなかったのである。

監査人は不適切な会計処理を是正する第一の砦となるべきであることから、ここでは監査人の犯した失敗と監査人を規制し、監視することの失敗に焦点をあてる。本題に入る前に、会計問題の増加の元凶となった、監査人の法的責任にかかわる連邦証券法の「弱体化」についてみておこう。その一つは、公開企業の会計不正に対する安易な集団代表訴訟を起こしにくくさせた一九九五年の証券民事訴訟改革法（ＰＳＬＲＡ）である。もう一つは、州裁判所における証券詐欺に対する集団代表訴訟の取り扱いを廃止した一九九八年の証券訴訟統一基準法（ＳＬＡＳＡ）である。これらの法律は、監査法人を相手取った安易な訴訟をなくしたのだが、そのせいで監査人はクライアント企業に対する監査の手を緩めるようになったというのは本当であろうか。米コロンビア大学ロースクールのジョン・コーフィー教授は、監査パフォーマンスの弱体化の原因として、監査人を相手取った裁判に多額のコスト負担を強いたこれら二つの法律と二つの訴訟例をあげている(三八)。教授は公正性の観点から法改正を支持してはいるものの、「全体として法的責任を負うリスク（の程度）をかなり減少させた」と結論づけている(三九)。

しかしながら、近年の法改正が、最近の利益の修正報告や、広い意味での会計規則の誤用の元凶であるとはいえないであろう。すでに指摘したように、利益の修正報告件数の増加の一部は、企業が自らの財政状態を偽って報告し、監査人がこれに同調するという傾向が強くなったわけではなく、おそらくはＳＥＣの手続業務の変更の影響である。もっといえば、ＰＳＬＲＡは監査人の責任を免除していないのである。複数の被告人が裁判にかけられる前に、会計不正に対する連帯責任やその他の法的責任を軽減しているのみである(四〇)。さらにＰＳＬＲＡは訴訟手続にかかわる基準を作成し、原告が（被告に対して）強力なダメージを与えられなくしたのである。これらの法改正を合理化する根拠は、原告が過失の程度と無関係に莫大な賠償請求をすることや、和解を目的に外部監査人に対して莫大な賠償を求める訴訟を回避することにある。一方、ＳＬＡＳＡが廃止したのは、州裁判所での証券詐欺にかかわる集団代表訴訟制度のみであり、連邦裁判所での会計士に対する集団代表訴訟は依然として可能なのである。

近年のこうした法改正が財務的背任に対する法的責任を負わされる機会を明示的に減少させていないということは、訴訟件数が示している。このことは、ＰＳＬＲＡ成立前五年間には、株主による訴訟は九百四十八件であり、ＰＳＬＲＡ施行後五年間の件数は九百三十五件とほとんど変わらなかったことからも見てとれる（四二）。

近年の連邦証券法改正があったからといって、図表１・１にあげられているような最近の大規模な会計不正事件で被告となった会計事務所が、訴訟において法的責任を免除されたり、もしくは被告とならなかったという話は聞かない。ここでいっておきたいのは、エンロンその他の事件にかかわる法的責任について、原告がアンダーセンに対する法的追及の手を緩めていないことである。

そこで先ほどの強制力の欠如という問題に帰着するのである。つまり、ＧＡＡＳが要請しているように、外部監査人が監査対象企業の帳簿と財務諸表に対する検査・評価をより精緻に行っていれば、近年の利益にかかわる報告修正の多く――実際、ほとんど全て――

は、未然に防ぐことができたのではなかろうか、ということである。本書では、監査証明をつけないことや監査意見をつけること（監査および報告における全ての不備を防止すること）のコストが過大であることを指摘しておきたい。ビアズリーら、FEIおよびパームローズとショルツによる粉飾と修正報告の諸研究は、SEC登録企業一万七千社については相対的に財務諸表に問題が少ないことを明らかにしている。したがって、全ての企業に対してより詳細な監査を課したならば、（企業は追加的なコストを要することになるので）投資家は今ほどの利益を得られないだろう。

間違いを犯してしまったのは何も監査人だけではない。監査人個人とその勤務先の監査法人の両方を監督する組織についても、監査人同様に全く責務を果たせなかった。たとえば、監査プロフェッションに対する自主規制団体であるAICPAには規則を守れない監査人を懲戒する委員会がある。ワシントン・ポスト紙は、会計士の管理にかかわるSECの職務怠慢について、十年以上の期間にわたり調査した。その結果によると、「AICPAが懲戒処分を行ったのは、SECがすでに処罰した会計士の二〇％にも満たなかった。さらに、処罰された会計士が違反を認めたときでさえ、AICPAは倫理問題のほとんどについて懲戒処分を下さなかったり、結果を公表しないで終えてしまっている。そのかわりに、違反を犯した会計士は現在再教育中であることを発表するのである。」(四二) AICPAによる「自主規制」は、明らかに効力がなく、期待するに値しない。

ＡＩＣＰＡによる最も厳しいペナルティは、被告となった会員の除名なのである（四三）。

では、州の規制当局はどうであろうか。手元の資料によると、ＡＩＣＰＡと大差はなさそうである。多かれ少なかれ、会計士のような職業専門家を規制する州当局は、資金が不足しており、特に近年明らかとなった大企業による複雑な会計手法を使った不祥事のような会計問題を調査する能力を十分に備えた人材が不足している。一般に、州の規制当局者は、クライアント企業やその他の政府機関が会計士を相手取った訴訟に勝利した後か、被告となった会計士が原告の訴えに適切に反論できなかったときに、訴訟を起こすという傾向にある。事実、ワシントン・ポスト紙の調査は、「ＳＥＣに処罰された会計士の数が最も多いニューヨーク州では、二〇〇二年六月時点で、四十九人のニューヨーク州会計士のうちたったの十七人しか懲戒処分を受けていない」（四四）ことを明らかにしている。

最後に、ＳＥＣはどうであろうか。ＳＥＣは利益が不当に表示されていないかどうかを確認するため、近年、財務諸表の検査体制をより強めてきている。すでに指摘したように、こうした努力はＳＥＣのアーサー・レビット元委員長が着手し、ハービー・Ｌ・ピット現委員長のもとで現在も続けられている。

ＳＥＣの対応は、その後に続く一連の対応の引き金になるという意味で重要である。ここでいう一連の対応とはすなわち、企業の経営陣が自発的に不正に関与したことに対する民事訴訟、会計事務所に対する同種の訴訟、そして事実であれば司法省による粉飾犯罪の調査にまで広がっていくものである。こうした連鎖が起こることは自明であるにもかかわらず、SECの対応は近年頻発しているこの種の会計不正をなぜ抑止できなかったのであろうか。その理由の一つは、財務諸表を適正に監査しなかった会計士や監査法人を、SECがほとんど懲戒処分にしなかったことにある。さらに、どれだけ仕事をもってきたか（また、かかわり続けたか）に応じて給料やボーナスを受け取り、かつ法的責任にともなうコストを保険や監査法人（もしくはその両方）が負担してくれる外部監査人個人に対しては、監査法人全体として不正を抑止するような方法は基本的に機能しない。

事実、大手監査法人で大口クライアント企業の一社を担当する代表社員は、そのクライアント企業の要望に個人として応じる強いインセンティブをもっている。もしも代表社員がクライアント企業の要求に応えず、そのクライアント企業を失ってしまえば、代表社員は失業を免れたとしても所得のほとんどを失うことになるであろう。一方、クライアント企業の要望に応じたとすれば、代表社員個人にとって大きな負担とならないような三つの帰結がもたらされよう。つまり、①不正計上が明るみに出ないか、②不正が発覚しても担当した代表社員が責任を問われないか、もしくは③担当した代表社員が責任を問われても、他の代表社員が不正に対する連帯責任を負わされるので、被害を大きくしないように弁護してくれる、の三つである。

重大な監査の失敗にともなう外部性を考慮すれば、職業専門家としての責務遂行ができない外部監査人個人を教育できるような制度上の仕組みについて考えなければならないことがわかる。ＡＩＣＰＡと州当局がいずれもこの役割を果たせないのであれば、責任はＳＥＣにあることになる。この点に関して、本書はＳＥＣに問題があることを発見した。すなわち、規則第二〇一条第一〇二項（ｅ）においてＧＡＡＰもしくはＧＡＡＳに抵触している財務諸表に監査証明を付した会計士を懲戒処分する権限を有しているにもかかわらず、ＳＥＣはその権限をほとんど行使していないのである。アンダーセンのケースのような甚だしい違法行為でない限り、ＳＥＣが法を犯した監査法人が公開企業の財務諸表を監査することを禁止するという最終手段を使わないのは当然であろう。しかし、上述のような明らかに違法な財務諸表に監査法人名を記した監査人個人に対して、ＳＥＣがほとんど制裁を加えていないのはなぜだろうか。もしも、会計士個人が自らの職業専門家としてのキャリアや個人の富を失うかもしれないと考えていれば、クライアント企業が望んでいるような、不十分な監査や、積極型会計、また誰の眼にも不明瞭な会計手続を見逃すよりも、クライアント企業を失うリスクをとるにちがいないだろう。この解釈は、監査証明にあたって、監査を担当した代表社員と審査を担当した代表社員とが、自らの氏名を監査法人名とともに署名を求められているならば、なおさら説得力をもつであろう。

議会が公開会社会計監視委員会（ＰＣＡＯＢ）を新設したことは、不正に荷担した会計士に対する制裁発動の改善につながるであろう（四五）。ＰＣＡＯＢは「財務の知識がある」常任委員を五名置かなければならず、そのうち二名は、現職・ＯＢを問わないが公認会計士でなければならない。また委員会は、監査法人を登録し、監査報告書作成にかかわる基準を作成し、調査および懲戒手続を指揮することになる。そして、おそらくは会計事務所と会計士個人の双方に対して制裁を課すことになるであろう。

エンロン問題を越えて　米国会計基準設定の諸問題

特定の会計規則についてどう考えるかとは無関係に、少なくとも米国においては会計基準設定プロセスに注目しなければならない理由がある。他の論者も指摘しているところだが、本書もこの点を指摘して、ＦＡＳＢのメンバーやスタッフの専門家としての品位を貶めようというわけではない。彼らは高い専門知識を有する献身的な個人であって、非常に困難な、そして時として政治色の濃い環境下で業務に取り組んでいるのである。

本書で明らかにした諸問題は、ＦＡＳＢの置かれている状況から描き出したものである。

その状況とはすなわち、ＦＡＳＢが唯一の会計基準設定機関であるということである。ここまで検討してきたように、単一の会計基準をもつことがよいとする、つまり、単一の会計基準であれば、投資家は財務諸表に記載されている数値の意味と限界をよりよく理解でき、より効果的に企業間の業績比較を行うことができるという考え方がある。しかし、これはいいすぎである。米国ＧＡＡＰは非常に詳細な規定をしているにもかかわらず、回収不能債権に対する引当金の設定や、固定資産の耐用年数や償却方法の選択や、棚卸資産の評価等々、企業や会計士の判断が介入する余地を未だ十分に残している。さらに、経営者は製品ラインや営業利益のグルーピングに際して、企業にとって都合のよい決め方をとっている。同一の会計基準設定主体による会計基準を適用していても、上述のような事象についてそれぞれの企業が異なる判断を下した場合には、会計基準は単一であることが望ましいとする論者が考えているような比較はできないであろう。

いずれにせよ、会計基準設定機関が一つであることの利点は、これによる犠牲とバランスがとれていなければならない。他の寡占と同様に、ＦＡＳＢの運営方法については少なくとも三つの批判があげられている。第一に、迅速に活動するインセンティブがないことである。ＦＡＳＢは一九九〇年代初頭からストック・オプションの費用計上にかかわる問題を扱ってきたのだが、二〇〇二年末時点で未だにこの問題を解決していない。同様に、FASBは金融商品にかかわる会計基準についても設定までに数年を要している。一九八二年から、FASBはほとんど資本化されていないSPEの会計処理も含めて、連結にかかわる全般的な方針について討議を続けているが、SPEのプロジェクトに取り組んだのは二〇〇二年だけである(四六)。その他のケースでも同じようなことが行われていた。

第二に、米国GAAPのもとでの規則は、国際会計基準をはるかに上回るほど詳細になっている、ということである。わかりやすい例は金融商品にかかわる規則で、これは八百ページ以上にわたっている。FASBが非常に詳細な規則を設定しているのは、FASBにおける特定の主要構成員である公開企業とその会計士が自らに対する法的責任や制裁措置に対する確実な抜け道を作るべく強力な圧力をかけているからである。FASBのロバート・ヘルツ新議長の名誉のためにいうが、彼はGAAPをより簡略でわかりやすくすると断言している(四七)。彼がこの大きな課題を解決できるかどうかは、今後を見守るより他はない。

第三に、これがおそらく最も重要であるが、これまでのFASBは特定の構成員集団からの影響を強く受けていたということである。たとえば、FASBは（SECの同意を得た）金融商品の公正価値評価を優先することを発表したにもかかわらず、銀行からの圧力に屈して、売買目的で保有する有価証券以外の（信頼できる取引相場のある）有価証券の評価損益を営業損益計算書に計上しないことを認めたのである。満期保有目的の有価証券の時価については、貸借対照表上に表示されることさえない。一方で、ＦＡＳＢは業界団体とりわけハイテク業界からの圧力に屈し、費用収益対応の原則（費用はこれをもとに産み出される利益に対応させるべきという考え方）に反しているにもかかわらず、従業員に付与したストック・オプションという形態をとる報酬の経済的価値について、費用処理を要求していない（四八）。

いかなる規則の設定プロセスにおいても、政治の介入は避けて通れないという見方がある。とりわけ、公益にかかわる規則設定がそうなりがちなのであるから、会計基準設定に政治が介入してしまうことは受け入れなければならないであろう。また、会計基準設定はサイエンスではないという指摘もその通りである。さらに、数多の会計問題が甲乙つけ難い意見の相違を引き起こしていることから、会計基準は基準を適用する専門家や、基準への準拠を強制される企業からの影響を受けてはならぬ、というのも間違いである。

しかし同時に、外部監査人のよりどころである会計基準は、投資家が将来キャッシュ・フローを予測し、経営者の業績評価を行う際に有用であることを忘れてはならない。会計基準は、何がどのように報告されるべきかについての一貫性あるモデル、すなわち利用者が数値の意味と有用性を効果的に判断できるモデルに基づいているべきであろう。一般に、組織化されていないために、議会やＦＡＳＢにロビー活動をほとんどしないような投資家を軽んじて、特定の会計規則の影響を受ける企業の経営者に配慮した会計基準の改廃は、往々にして社会的に望ましい結果を生まない（四九）。

規則設定プロセスから政治を閉め出すことはできるはずもなく、仕方ないのではあるが、現行のシステムは、時として集団としての投資家の利害よりも狭い範囲の利害に偏ってしまい得るのである。もちろん、この問題は会計基準に固有の問題というわけではない。第三章で検討するように、投資家が企業による会計基準の選択を自らの投資意思決定の要因とすることが望ましい。こうすれば、企業は投資家に有用な情報を提供するインセンティブをもつようにならざるを得ない。さもなければ投資家の不満を買い、資本コストの増大に直面することになるであろう。

第三章　ディスクロージャー制度の見直し

米国のディスクロージャー制度を「見直す」多くの提案が行われた。本章で論じるように、そのいくつかが議会によって法制化され、大統領によって署名された。けれども、政策当局が熟考していた間に、マーケット自らが「自己修正」を多数行った。多くの企業の経営陣は、ディスクロージャーにさらに多くの注意を払い始めた。そしてＡＩＧ、ＧＥ、ＩＢＭといった、エンロンの破綻後に株価が急落した企業は、経営活動とリスクについてより詳細な情報を提供した。外部監査人、アナリスト、投資銀行、格付会社といったエンロンで悲惨な失敗をした様々な民間の番人もまた、その実務を強化した。ニューヨーク証券取引所（ＮＹＳＥ）とＮＡＳＤＡＱはともに、それぞれの証券市場で上場している企業の経営者や取締役会に、いっそうの説明責任を果たすよう求める広範囲にわたる提案を公表した(一)。取締役会は、自ら進んで、会計・ディスクロージャー実務について、いっそう注意深くなるような処置をとった(二)。労働組合や年金基金といった機関投資家は、（リサーチ・アナリストが投資銀行の業務から利益を得ることを許さないなど）投資銀行の業務と（外部監査人が、自ら会計監査した企業のために、非監査業務と税務業務に携わることを禁止するなど）監査とのかかわり方を変えるよう求め始めた。エンロンの問題が表面化したときから、SECは会計上の不正を追及することにより積極的になった。企業の経営陣に対して法的責任の保障を提供する保険会社は、保険契約の更新、あるいはその保険料の決定の前に、企業により多くの情報を提供するよう要求し始めた。

「問題」は解決されたのだろうか。答は、ある程度はイエスである。しかし、解決策のいくつかは効果がないか、逆効果である可能性が高い、というのが本書の立場である。その他にも見直しが行われたが、その有効性を判断するには時期尚早である。本章では、様々な改革案、すなわちすでに実行されたものと採用すべきであると信じるものそれぞれの整理を試みている。その際、解決策の論議を次の三つに分けて論じている。すなわち、①特にエンロンと関係がある会計基準、②会計基準を設定するプロセス一般、③監視やインセンティブを改善するかは別として、会計基準および監査基準の施行方法の改善、である。

エンロンの不祥事に関連する特定の会計基準にかかわる問題

これまでのところ、最も世間が注目したエンロンの破綻に関連する論争から始めよう。

つまり、そのほとんどが失敗に終わったが、エンロンによる一連のベンチャーへの資金調達のために使われた無数の出資比率の低い特別目的事業体（ＳＰＥ）の設立についてである。第二章で論じたように、現行の一般に認められた会計原則（ＧＡＡＰ）のもとでは、外部の投資家の出資がＳＰＥの総資産の三％以下であるならば（その出資企業が議決権株の大部分、あるいはＳＰＥの事実上の支配権を有しておらず、そのリスクと報酬を獲得しなかったと想定できるので）、エンロンのようなＳＰＥへの出資者は、このＳＰＥの資産と負債を連結することが要求されていた。ＦＡＳＢは、珍しくすみやかに、二〇〇二年五月に外部の投資家による最低限の出資を総資産の一〇％に増やす提案を行って、この三％規則に対する激しい騒動に対応した。これは賢明な提案であるかもしれないが、エンロンのケースはいずれにせよ正当化されない。

前章で指摘したように、エンロンは明らかに、エンロンが出資した多くのＳＰＥに関する三％規則の妥当性について、監査人であるアーサー・アンダーセンを欺いた。そしてその点で、エンロンはその投資を貸借対照表と損益計算書の上で不適切にも連結しなかった。これは古典的な詐欺あるいは著しい怠慢のように見え、民事訴訟や刑事訴訟、あるいはその両方を通じて改善されるべきである。さらに、ＧＡＡＰ（基準書第五号）で要求されているにもかかわらず、エンロンは、多くのＳＰＥの債務に対する保証の範囲と詳細を明らかにすることを怠った。もしこれらのディスクロージャーが行われていたならば、エンロンが自らのレバレッジを効かせることもできなければ、実際にやったようにあえてリスクを冒すこともできなかったであろう。

しかしながら、エンロンの状況によって重要性が明らかにされた会計方針の問題は、あまり関心を集めなかった。この問題は、広範に取引される市場が存在しない金融資産を他の資産や取引による損失を隠ぺいするために過大評価するといった、公正価値会計の誤用である。第二章で述べたように、現在のGAAPの基準は、ほとんどどんな大企業にでも、固定資産および無形資産を金融資産と交換し、その交換によって生じた差額を当期の利益として報告することを許容している。このため、本書では、世界の主導的な基準設定機関であるFASBとIASBがともに、公正価値評価をさらに適用しようとする取り組みをあきらめるべきであることを強く主張する。そのかわり、二つの基準設定機関はともに、簡潔に、(投資対象企業を含む)企業によって保有されている全ての金融資産は、その価値が信頼可能かつ検証可能な「取引量が十分にある」市場で取引される場合のみ、**市場価値**で評価されるべきであるという要求を行うべきである。同時に、信頼可能な価格をもたらし、監査人による相応の努力によって検証可能な、関連した取引に基づいた市場価値を用いることに賛成する。

くわえて前章では、他の形態の報酬と同様に、従業員に対するストック・オプションを費用計上するようGAAPを修正することを強く主張した。ストック・オプションは、二つの例外はあるが、給料の後払い、年金、あるいは他の従業員給付と異なることはない。例外の一つは、オプションが、株主を犠牲にしてオプションの価値を高める行動をとるように経営者を促すかもしれないことである。この行動には、オプションの価値を高めるように働くリスクを増加させることが含まれる。その一つには、株式を買い戻すことがある。これは、(株式の流通量が少なくなれば) 機械的に一株あたりの市場価格を上昇させる。もう一つには、負債の隠ぺいおよび報告純利益の操作・水増しがある。これは、株価を少なくとも一時的に上昇させるかもしれない。オプションを費用計上しないことは、報告純利益を膨らませ、さらには株価を上昇させる。ストック・オプションは、全く費用がかかるように思われず、結局のところ、「当期純利益」には影響しなかったので、取締役会があまりにも大量に経営陣にストック・オプションを与えたのかもしれない。

もう一つの例外は、従業員に対するストック・オプションの株主へのコストを測定することが難しいということである。けれども、年金やその他の将来の従業員給付も同じである。たとえ難しくとも、これらの形態の報酬は費用であるので、費用として認識されるべきである。第二章で、ストック・オプションの現時点で経済的に負担すべき費用を測定するために用いることができる手法について概説した。その手法には、オプション価格モデル、投資銀行による評価、株主に対する擬似オプションの発行がある。本書では、信頼可能な市場価格を提供するという理由で、後者の方法を選択する。

会計基準全般にかかわる問題

特に、ＦＡＳＢによって設定される米国ＧＡＡＰのように、会計基準を設定するプロセスを変えるべきか、それとも全く新しくすべきかという問題は、エンロン事件およびその他の最近の会計に関する論争が引き起こしたかもしれない特定の会計問題以上に広範で複雑な問題である。前章でＦＡＳＢとその意思決定プロセスに向けられた三つの主な非難を論じた。その非難とは、①あまりにも対応が遅いこと、②過度に詳細な規則となること、および③あまりに脆いので、広範な公共の利益をだしにして民間部門の利益を狭めることができないこと、である。本節では、これらの欠点を改めるために、三つの非常に異なった広範囲のアプローチを検証する。そのアプローチとは、①逐次的にＦＡＳＢの基準設定プロセスを見直すこと、②米国ＧＡＡＰの代わりに国際財務報告基準（ＩＦＲＳ）を適用すること、あるいは③二組の基準の間に競争状態を導入すること、である。

逐次的な改革

現在の基準設定プロセスの欠点を修正するために最も破壊的ではなく、しかも最も控えめなアプローチは、本質的にはそのシステムには手をつけないで、種々の逐次的な改革を行うことである。たとえば、規則の設定プロセスのスピードを上げるために、SECは、もしFASBが行動しなかったならば、特定の日までにSECが何らかの行動をとるという牽制を行うことによって、規則変更に最終期日を課すことができるであろう(三)。SECはまた、実際に規則を設定しないとしても、FASBの規則の設定計画を定期的に調査することに非常に積極的になることもできるであろう。しかしながら、このアプローチの難点の一つは、企業がSECの登録要件に従うべきか否かに関係なく、FASBの規則は全ての企業に適用されるので、SECに登録する必要のない非公開企業を統制する規則についての責任までもSECに負わせることである。

その一方で、規則が非常に詳細なため、クライアント企業に規則の本来の趣旨ではなく、規則の文言に従うよう助言を行う巧妙な会計士、弁護士、投資銀行が探している抜け道を利用する誘因となっているというFASBの規則に対する二番目の重要な非難に、FASBは対応する準備ができているように思われる。このような助言は、一般にGAAPに内在する原則に従って企業の財政状態を公正に表示しない財務諸表をもたらすことになる。前章で指摘したように、ＦＡＳＢのロバート・ハーツ新議長は、米国ＧＡＡＰをより透明でより柔軟な基準にすることを目的とした大規模な修正を開始することによって、この批判を解決するための努力を行うことを約束した。もしこれが成功するならば、この総点検は米国ＧＡＡＰをＩＦＲＳの方向に動かすことになるであろう(四)。

過度の政治的影響力に対する逐次的な解決は、少なくとも原則として、直接的にだけでなく、間接的に、ＦＡＳＢを監督するＳＥＣにいかなる圧力も与えさせないようにすることによって、議会を規則設定プロセスに干渉させないことである(五)。

単に可能な改革案をリストアップすることは、本当の変革をもたらすために改革を実行することの困難さを示唆するだろう。ＳＥＣをＦＡＳＢの安全装置とすると、規則設定のプロセスを早めることができるだろうが、ＳＥＣがより大きな政治的圧力を受けるという犠牲をともなうだろう。ＳＥＣ自身は議会の監督に従っており、議会は今までディスクロージャー問題に関する見解の表明を躊躇したことはない。さらに、このことからして、議会の納得がいくように政治的影響力の問題を扱うことはできそうもない。基準の問題に関して中立性を維持するという基準設定機関の願望を象徴している強力な議会による議決でさえ、将来の議会はいうまでもなく、現在の議会を拘束していない。

ＦＡＳＢによる規則の修正プロジェクトについては、心からそれが成功することを望んでいる。しかし、その努力は時間を要するだろう。修正された基準が、長期間にわたり簡潔なままではあり得ない可能性もある。結局のところ、なぜ米国ＧＡＡＰがそれほど詳細だったのかという主な理由は、会計士と企業が、ＩＦＲＳの規則のように多くの自由裁量の余地がある規則が引き起こすであろう法的責任にさらされることを減らすことを望んだことにある。たとえ米国ＧＡＡＰが徹底的に見直されたとしても、この詳細さという特性に対する願望は消滅しないであろう。どちらかといえば、経済変動が不確実性をいっそう増大させ、そして様々な方法がこれらの事象を処理するために採用されるにつれて、この願望は増加する可能性がいっそう高い。それゆえ、見直されたどんな規則でも、長期にわたり、次第に現在批判されている詳細な規則に逆戻りする可能性が高いだろう。

たいていの場合、政策問題は、逐次的な解決が行われる。なぜならば、より急進的な代替案を中核としたコンセンサスを展開させることは非常に難しいからである。現在の会計基準設定プロセスに関連する欠陥を修正することは、このパターンの例外であるかもしれない。ここで、逐次的なステップは、満足がいくほど欠点を扱わないかもしれないし、あるいは全く積極的なものではないかもしれない。もっと根本的な改革が、より実行可能で、かつ建設的であるかもしれない。

会計基準は統一されるべきか

エンロン事件の前でさえ、少なくとも知識がある観察者にとって、ますます大きくなる資本市場のグローバル化と国内のディスクロージャー制度の間の乖離は明白であった。様々な国で法人登録されているか、事業を行っている企業の株式に、投資家はますます国境を越えて資金を移動させているので、そろそろ様々な国の公開企業は、単一の報告基準に従う時期ではないだろうか。

原理上、一組の基準から何らかの利益が得られるはずである。様々な国の企業の財務諸表の比較がいっそう容易になることは、投資家が直面するリスクを減らし、それゆえ資本コストを低下させるはずである。それはまた、投資家が、リスクに対して調整された最も利益が得られる用途に資金を配分することの一助となり、国境を越えた資本の配分を向上させるはずである。実際、投資家自身は、この価値を認識しているだろう。二〇〇二年の夏に報告されたマッキンゼー・アンド・カンパニーによる調査では、世界的な大手機関投資家の九〇％は企業が経営成績を単一の世界基準に従って報告することを望んでいる。とはいえ、ヨーロッパの投資家とアメリカの投資家では非常に異なった選好をもっている。西ヨーロッパの投資家の七八％はＩＡＳＢによって設定された国際会計基準を支持したの

図表3・1　1992年から2000年までの株式投資流出額のGDP比

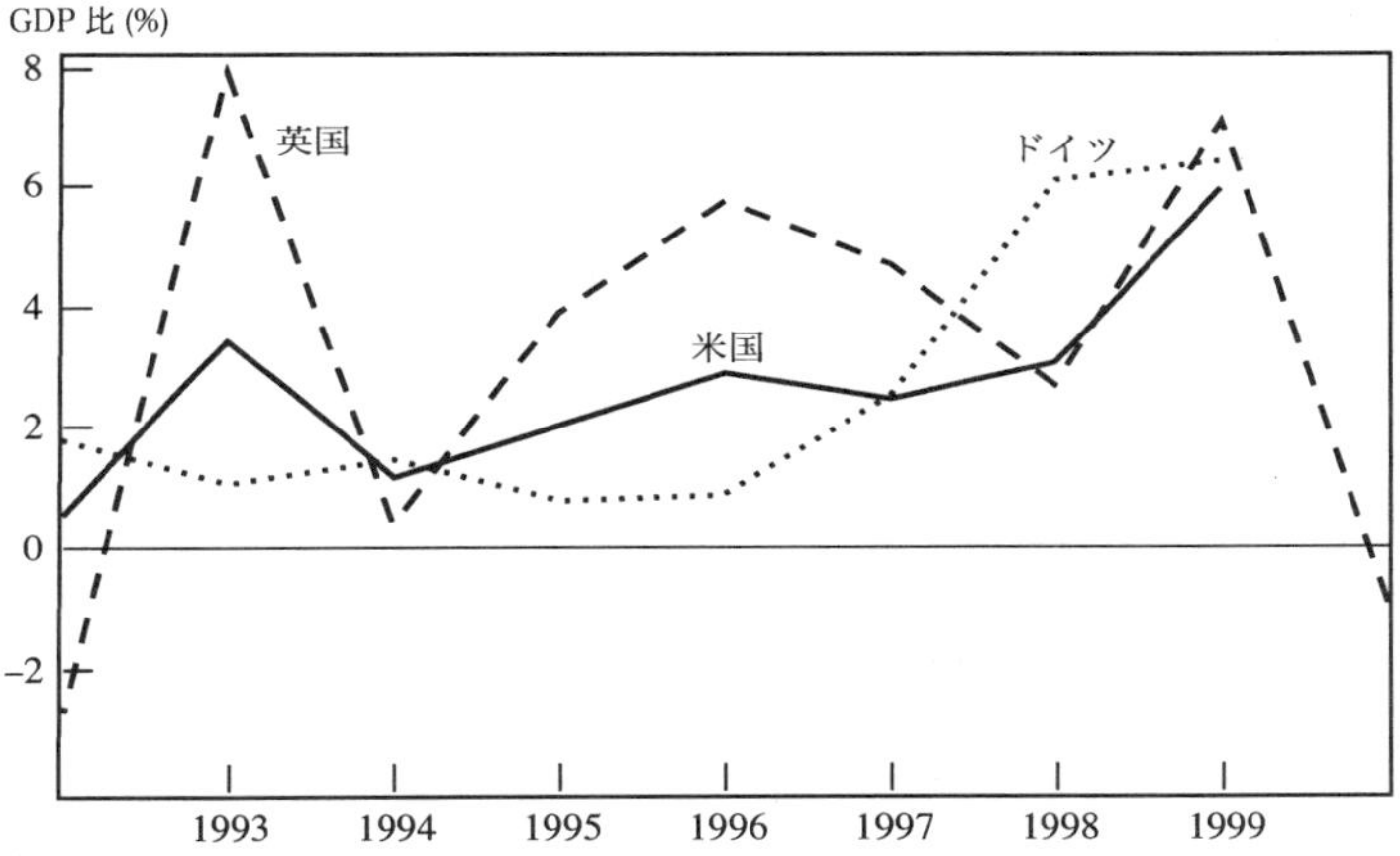

出　所：International Financial Statistics CD-ROM, International Monetary Fund, 2001. 流出量の計算は、同年の持分証券ポートフォリオの変化による。

に対して、アメリカの投資家の七六%が米国GAAPの方を選択しているのである(六)。

マーケットがますますグローバルな性格を帯びてきていることは、図表3・1および図表3・2からも歴然である。図表3・1および図表3・2は、ドイツ、英国、米国という世界で最も多くの株式取引が行われている国の一九九〇年代の毎年の株式投資資金の流出と流入、またはいずれかの証券の純購入額のGDPに対する割合を示している。年によって大きな変動があるが、大部分の数値は、より大きな資本投資の動向が増加傾向であることを示している。成熟した市場の間では、国境を越えた株式投資の全てのフ

図表3・2　1992年から2000年までの株式投資流入額のGDP比

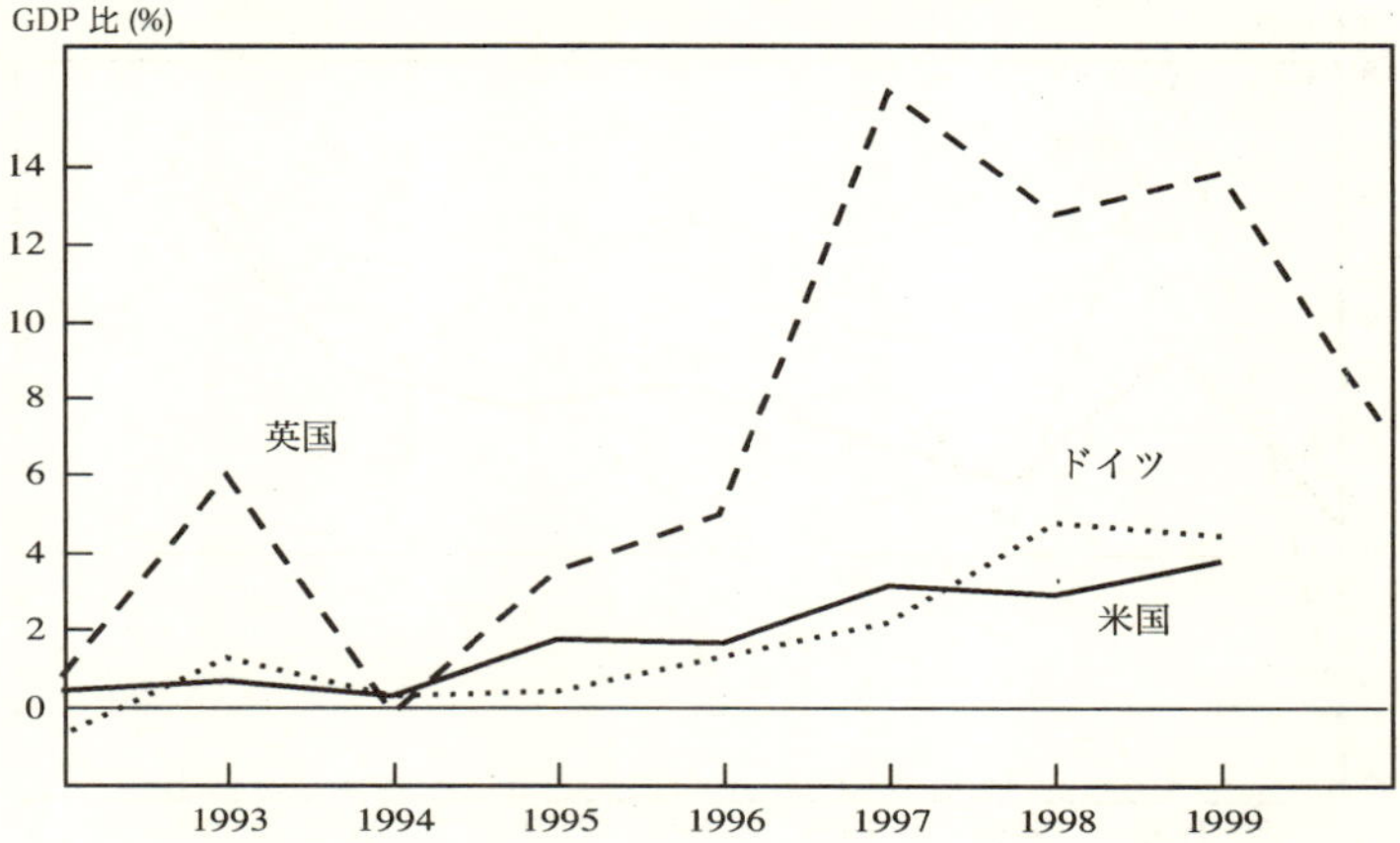

出　所：International Financial Statistics CD-ROM, International Monetary Fund, 2001. 流入量の計算は、同年の持分証券ポートフォリオの変化による。

ローは、今日、年間一兆ドルを超えている（七）。

株式の購入総額をみると、取引量はもっと多い。二〇〇〇年の海外投資家による米国企業の株式の年間購入額は、合計七兆ドルであった。これに対し、米国民による海外証券の総購入額は、三兆六千億ドルであった。これらの数値は、一九九〇年以来、概ね十以上の要因によって増加していった（八）。

資本市場がますます統合化していることを示すもう一つの指標は、図表3・3で示されており、NYSEとロンドン証券取引所（LSE）の両方で株式を上場しているクロス上場企業数が増えている。クロス上場する企業は複数の取引所

図表3・3　1993年から2000年における主要な証券取引所の総上場企業に対する上場された国際企業の割合

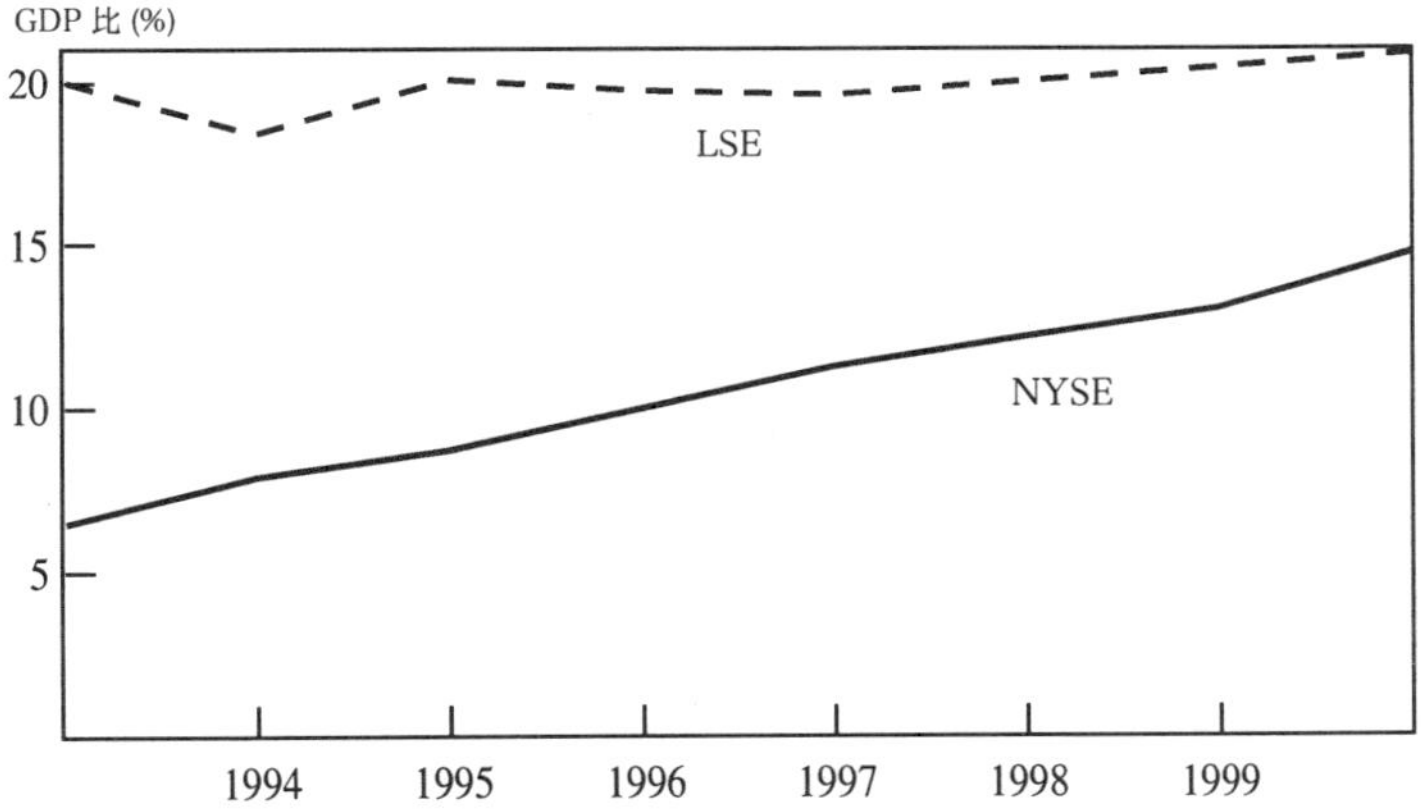

出　所：http://www.londonstockexchange.com/market/historic.asp; http://www.nyse.com/pdfs/nonussum010813.pdf ; http://nyse.com/pdf/10_HISTORICAL.pdf.

の規則に従う費用を負担するので、そのような企業は、より多くの潜在的投資家に呼びかけ、そして顧客と資本提供者に対してより魅力的であるようにすることから得られる利益が、単にコストを正当化するにとどまらないと信じているに違いない。海外企業にとって、クロス上場、少なくともアメリカとヨーロッパの市場での取引の代替案には、預託証券として取引することがある（九）。アメリカにおける二〇〇〇年の預託証券の取引額は一兆ドルを超え、類似する国内マーケットの取引の約一七%を超過する。その同じ年には百十五の預託証券がアメリカとヨーロッパで発行され、一九九九年以降、三二%増加している（一〇）。

皮肉にも、後ほど議論されるＮＹＳＥの新しい上場規則は、外国企業にも国内企業と同様に適用されるが、（特に取締役の独立性に関連する）新しい規則を満たすことができない若干の外国企業の上場を阻むかもしれないし、この点で、少なくともさしあたりは、株式市場のグローバル化の速度を遅らせるかもしれない。さらに、情報開示と同様に、政治的リスクと法的リスクが概ね比較可能であることが期待されている先進経済国の間でさえ、株式市場が完全に統合化されている状態からほど遠いので、国境を越えた統合を取引量のみに基づいた尺度で判断すると、見誤る可能性がある（一一）。むしろ、投資家は、「母国」バイアスとなる傾向がある。つまり、投資家は、株式の相対的な評価額によって示されている世界の市場における占有率よりも、そのポートフォリオにおいて外国企業の株式への投資割合を低くするのである（一二）。母国市場に対する選好は、様々な要因によって説明することができる。その要因には、言葉の壁、為替リスク、外国の株式購入にかかわる高い取引コスト、コーポレート・ガバナンスの多様性、および投資家になじみのない企業に資金を投資しないという投資家側のリスク回避行動が含まれる。今でもなお、様々な国で企業が開示する情報の種類と質の格差は、間違いなく重要な役割を果たしている。

それゆえ、暗に、もし世界中の公開企業が、同じ財政状態の計算方法、ならびに同じ公表データの検証および監査の方法という全て同じ報告規則に従って行動するならば、母国バイアスの一部が緩和される可能性は高いだろう。このことは、本質的に、全ての市場、そして特に世界最大の資本市場であるアメリカで一組の会計基準を適用させることに対する最も強力な理論的根拠の一つである。

世界の残りの国は多分ＩＦＲＳの採用途上にあるので、単一の会計基準を得る二つの実務的な方法がある。すなわちそれは、ＦＡＳＢが米国ＧＡＡＰをＩＦＲＳと調和させること、あるいはＦＡＳＢが米国ＧＡＡＰを国際基準と置き換えることを受け入れることである。事実、エンロン事件の結果として、国際会計基準は米国ＧＡＡＰより**優れている**と主張する者がいた。より率直には、ＩＡＳＢはストック・オプションを費用計上することを支持しているのに対して、ＦＡＳＢがそうではないという事実は、国際基準を支持するもう一つの理由となるだろう。特に、経済的実質に従って企業に報告させるというＩＦＲＳのアプローチがエンロンとその監査人であったアンダーセンを、エンロンの実質的な支配下にあるＳＰＥを連結対象から外すことを抑制したであろうと、米国ＧＡＡＰについての批判は示唆している（一三）。ＩＦＲＳと比較して米国ＧＡＡＰが過度に詳細であることは、国際基準の支持者を支援するもう一つの手段さえも提供している。これらの理由と、おそらく他の理由により、ＩＦＲＳが本当に米国ＧＡＡＰより優れているならば、米国ＧＡＡＰをＩＦＲＳに置き換えることは明らかに、ＩＦＲＳに切り替える企業に対する投資リスクを減らすだろうし、資本コストを低下させるであろう。

一組の会計基準、特にＩＦＲＳを世界的に適用することを支持するそれぞれの主張は、どれだけ妥当性があるのだろうか。統一された基準に対する最も強力な理論的根拠を提供する証券市場のグローバル化から始めるのが適切である。市場が相当程度、真の意味でグローバル化されているというのは、いくぶん誇張されている。各国の取引所は未だお互いに大いに競争しており、この後で、より激しい競争でさえ、実際よいことであるかもしれないことを示唆している。

特にＩＦＲＳのような、単一の基準が様々な国の企業の財務業績の比較を容易にするだろうという信念または認識もまた誇張されていると考えられる。国際的な規則の一般的で、原則主義という性格は、必然的に、ＩＦＲＳに従っている企業はすでに相当程度、報告についての自由裁量を有していることを意味している。この自由裁量の余地が大きくなればなるほど、異なる企業の財務諸表の比較可能性は低下するに違いない（柔軟性によって、企業が正確かつ公正に報告する場合がないとはいい切れないけれども）。その一方で、より詳細な米国ＧＡＡＰさえ、企業に対して経営成績を報告する際に柔軟性を許容している。とりわけ、企業は、異なる固定資産の償却方法を選択することができるし、未回収の債権残高に対して様々な見積もりを行い、棚卸資産価額の決定にあたって様々な仮定（先入先出法や後入先出法）を用い、将来支払われる従業員給付のコストの見積もりに必要な推測を行うことができる。要するに、アメリカ国内でさえ、投資家は、当然、現在アメリカ企業の財務報告の比較が簡単に思い通りにできるとは見なしていない。

国際基準が米国GAAPより優れているという主張については、ストック・オプションを費用計上すること、およびオフバランスとなっている事業体の連結のような特定の問題に関しては、若干正当性があるかもしれない。しかし、もし米国GAAPがよりいっそうの確実性および不公平な訴訟からの保護を企業の担当者と外部監査人に提供するなら、より詳細な米国GAAPの規則は、訴訟好きなアメリカの法体系にいっそう合っているかもしれない。いずれにしても、本章の付録で示しているように、IFRSとGAAPの間の相違は、重要であると思われているほど重要ではない。

米国GAAPと比較したIFRSの長所が何であったとしても、国際基準の普遍的な採用に向かっての動きが、米国で批判されている現在の基準設定プロセスに対する欠陥を十分解決しているのかについては、懐疑的である。独占状態の基準設定を他の機関に置き換えること、あるいは実質的に同一の基準をもつ二つの基準設定機関を存在させ続けることは、最終的に改善をもたらす可能性が高くないからである。いくつかの点で、結果は非生産的になりうるであろう。

たとえば、基準設定機関を（ＦＡＳＢの本部のある）コネチカットから（ＩＡＳＢの所在地である）ロンドンに移すことは、会計の規則作成のスピードを速めることを保証しない。十四人のメンバーからなるＩＡＳＢ理事会は、七人の審議会委員からなるＦＡＳＢの二倍であり、そしてもし合衆国が加わるならば、その規模は大きくなるであろう。規模が大きくなればなるほど、意思決定に到達するまでにさらに長い時間がかかるだろう。ＩＡＳＢのメンバーが、しばしば異なる国で基準設定にかかわっており、それぞれが独自の見解と制度の歴史を有しているという事実は、意思決定をさらに複雑にするだろう。

一つの基準に到達するための代替的なアプローチ、すなわち、米国ＧＡＡＰとＩＦＲＳという二つの主要な基準を調和化させることはどうであろうか。これはＦＡＳＢとＩＡＳＢの両機関が、二〇〇五年までに二つの基準間の主要な相違の全てを排除することを二〇〇二年九月に表明した共同声明で採用したアプローチである。

原則として、声明の意図する調和化の実行は、ＦＡＳＢとＩＡＳＢの両者にとって、過去にＦＡＳＢを悩ませた特定の方法で規則をねじ曲げるある種の政治的圧力をかわすことをより容易にするかもしれない。ＦＡＳＢとＩＡＳＢはともに、相手の基準設定機関と妥協する必要性を示すことによって、今はこの圧力をそらすことができるだろう。けれども、この結果は確実ではない。財界は、大西洋の両側で、彼らの望む結果を確実なものにするために、ロビー活動への取り組みを単に増やすかもしれない。実際、金融サービス業や自動車製造業のように、世界的に活動している特定の産業は、そのような制度のもとで利益を得るかもしれない。さらに、(一九九〇年代に、FASBがストック・オプションを費用計上することを要求した規則を公表するのを阻止するよう財界が議会を説得したのとちょうど同じように)FASB、IASB、あるいは両方によって基準が公表されるか否かにかかわらず、財界(またはその一部)が、特定の基準を無効にさせるように圧力をかけるために直接議会に出向くのを何も阻止しないであろう。同じことがヨーロッパでも当てはまる。ヨーロッパでは、もし各国がそれを選択するなら、各国が国際基準の一つひとつを個別に拒絶する権利を保持し続けている。

さらに根本的には、基準の統一性を達成するための置換アプローチか調和化アプローチのいずれにおいても生じる中心的な問題は、結果として単一の基準は長い間に容易に崩壊するだろうということである。どちらの選択肢でも、企業やその監査人を含んだ米国の会計基準の利用者はより詳細な規則が約束するより高い確実性を要求し続ける可能性が高いので、FASBは、国際基準を米国の文脈で解釈する役割で存在し続ける可能性が高い。他の国が同様の理由で会計団体を保持し続けるかもしれない。さらに、ヨーロッパにおけるIFRSの経験が示すように、異なる言語、法律制度、および慣習を有する国々の企業と会計士は、明らかに類似の用語を異なったように記述し、解釈し、適用する傾向がある。そのため、長い間、このような国内向けの規則作りと解釈はＩＦＲＳの多様なバージョンを生みだすこととなり、そして今日、米国ＧＡＡＰに取って代わることを国際基準に求める大きな要請が存在する国境を越えた会計基準における混乱を復活させるであろう。

要するに、単一の世界的な会計基準へ移行することは、現在、米国ＧＡＡＰが悩まされているといわれる問題に対する万能薬ではない。一つには、調和化された会計基準は、実際には安定したものではない。ＩＦＲＳの原則主義のアプローチと米国ＧＡＡＰに取り入れられている規則主義の理念とを融合することは、ＩＡＳＢとＦＡＳＢの公表した意図の最善を尽くしても、非常に難しいことがわかるだろう。しかしたとえ二つの基準設定機関が、それらの理念的な問題を乗り越えることができたとしても、会計には固有の限界があり、多くの重要な取引と発生主義による期間配分を記録する、受け入れることができるけれども異なる範囲の会計手続が、単一の国際基準に対する主要な理論的根拠である本当の比較を投資家が行うことを妨げる可能性が高いと確信する。

会計基準間の競争

ＦＡＳＢやＩＡＳＢや他の同様の組織であれ、独占的な基準設定機関にとって中心的な問題は、その行動に政治的影響力を受けないようにしておくことはいうまでもなく、市場の力に素早く反応するといういかなるインセンティブもっていないということである。市場のように、独占に対する解決策は競争である。基準設定機関の間の競争と民間企業の間の競争には相違があるけれども、鍵となる類似点がありそうである。つまり、両方の状況で、複数の供給者の存在は、独占的な場合と比較して、いつも注意を怠らず、より利用者の利益に素早く反応する状態を保つ一助となる(二四)。基準設定機関は、民間企業の、生き残るだけでなく、成功の判断の基準である収益性テストを満たす必要はないけれども、設定する会計基準は真剣に受けとめられる企業によって十分広く採用されなければならない。もし採用されないのであれば、その責任者とスタッフは威信を失って、そしてますます不適切なものとみられてしまう。そのようなことが起きるとき、基準設定機関は財政的な支援を失う。そのため、基準設定機関は、その製品（会計基準）を相当の値段で売ることができないし、またはその所有者の富の最大化に努めないけれども、その製品の利用者を満足させることに対して所有者の富の最大化と同様の利害をもっている。ビジネスにおける競争状態でみられるように、投資家は、製品供給者の間の競争から利益を得る。

ディスクロージャーの領域で、競争は様々なかたちをとることができる。本書で**コントロールド・コンペティション**とよぶ最も意欲的なアプローチは、米国での上場企業に対し、その報告基準として、米国ＧＡＡＰとＩＦＲＳのいずれかを選択させ、一旦選択を行ったならば、数期間は基準を変更させない、というものである。この選択肢の要点は、米国の証券市場に上場し、国際基準を選択している外国企業に対して現在要求されているような、選択しなかった基準に対する財務諸表の調整を企業に要求しないことである。

我々は、この選択肢を「コントロールド・コンペティション」と名づける。実際問題として、競争させる基準としてＩＦＲＳと米国ＧＡＡＰというたった二つの基準を想定するからである。しかし、ヨーロッパの企業は米国ＧＡＡＰを選択することができない。なぜならば、欧州委員会（ＥＣ）は二〇〇五年までにＩＦＲＳに基づいてのみ報告する規制を採用したからである。しかしながら、もし米国が米国で上場したヨーロッパ企業に対してＩＦＲＳのみを適用することを許可したならば、ヨーロッパ企業が米国ＧＡＡＰを選択する場合に、米国ＧＡＡＰにのみに基づいて報告することをＥＣが許容するだろうと想像できる。

もう少し積極的ではない代替的なアプローチは、参加国の投資家に、海外で取引を行うために海外の株式仲介業者を雇わせることなく、（たとえば、目の前のコンピュータ・スクリーンを通して）自分の国にいながら直接海外株式にアクセスすることを許容することによって、**証券取引所**の間でいっそうの競争をさせるものである。国際関係協議会による新たな研究が、報告基準のみならず、ディスクロージャーとコーポレート・ガバナンスの全体的なシステムのために、この選択肢を推薦している（二五）。この研究は、特に**相互承認**システムを示唆している。相互承認システムでは、米国のような主催国は、受け入れ可能な報告体制をもつ他の国の取引所で最初に上場されるが、主催国の取引所でも取引される株式を発行する企業に、これらの国が米国の取引所に互恵的な権利を与えることを条件として、独自の規則を課すことを証券取引所に認める。このようにして、それぞれ異なった上場規則をもつ取引所間での競争が、会計基準を含んだディスクロージャー制度の競争を引き起こすだろう（二六）。

しかし、取引所間の競争には、企業による基準の選択と比較して二つの実質的な欠陥がある。第一に、取引所間の競争を行うことは、これらのシステムが取引所の上場規則の問題である限り、コーポレート・ガバナンスの**全体的なシステム**間の競争に対する許容誤差を必要とする。これと対照的に、どこの取引所に上場していても、企業に（前もって定められたリストの中で）自らの報告基準を選択させる政策は、ずっと限定された競争形態となる。第二に、取引所間の競争では、報告基準を選択する企業は、実際にその株式を他の取引所に上場しなければならない。複数の取引所に上場することは、かつてのように厄介ではないかもしれない。結局、すでに指摘したように、クロス上場する企業の数は、時が経つにつれて増加している。今でも、複数の証券取引所への上場は追加コストを必要とする。対照的に、一つの取引所に上場した企業が複数の報告基準の中から選択することが許されるのであれば、企業は、単に異なるディスクロージャー制度を利用するために、他の取引所に上場することに関連して発生する追加的なコストを支払う必要がない（一七）。

企業による基準の選択によって実行するにせよ、取引所間の相互承認によって実行するにせよ、少なくとも、コントロールド・コンペティションは、独占に基づいた基準設定システムの重要な弱点に対応する機会を提供する。すでに概略を述べたコントロールされたやり方であるにせよ、競争は、基準設定機関に市場の発展に遅れをとらないように競うよう刺激を与え、それゆえ、ＦＡＳＢにつきまとった（そして、もし基準設定に関し世界的な独占を与えられたなら、それは多分ＩＡＳＢを非常に悩ませるであろう）動きの鈍いという問題を改めることに役立つはずである。より重要なのは、競争は、基準設定に対する政治的な影響の役割を弱めることができると信じられる唯一のシステムであるという点である。なぜかというと、競争が存在する環境では、基準設定機関は、設定した基準が市場での適合性を有し、それゆえ企業によって採用されることで、報告企業とその監査人と同様に投資家を満足させなければならないからである。

他の形態の基準間競争は、それぞれがコントロールド・コンペティションの利点を若干犠牲にするだろうけれども、コントロールド・コンペティションのいずれよりもいっそう政治的に実現可能性が高い。本書で**コンストレインド・コンペティション**とよぶ一つの代替的アプローチは、ＩＦＲＳと米国ＧＡＡＰとの間で調和化がより進んだ後でのみ報告基準を選択することを企業に認めるものである。実際、このアプローチは、ＩＡＳＢとＦＡＳＢが二〇〇二年九月に発表した調和化の努力目標を視野に入れている。本書で**リミテッド・コンペティション**と名づけるコントロールド・コンペティションのバリエーションは、企業に二つの主要な基準を選択することを許容するが、二つの基準間の「重要な」相違を調整することを要求する（この調整は、ＳＥＣが現在要求する完全な調整より少ない調整になるであろう）。

形式的にも実質的にも全く限定されているものではあるが、残された一つの競争形態は、証券市場ではなく、国による**会計基準の相互承認**である。エンロンの影響が残る中、この選択肢はヨーロッパの数か国によって最も強く求められ、ヨーロッパの証券市場に上場した米国企業に対して米国ＧＡＡＰを認める見返りに、ＩＦＲＳ（または一般的なヨーロッパのＧＡＡＰ）に基づいて報告する外国籍の上場企業に対してその調整要求規定を廃止することを米国に強く要求した。相互承認のもとでは、企業がその所在国の株式市場に上場すべき株式に対して、他の国の基準を採用する必要はない。それゆえ、米国において相互承認されるであろう市場をもつヨーロッパおよびその他の国の企業は、米国GAAPへの調整を要求されず、そのためにその基準を効率的に採用することになるので、相互承認を行う国は、少なくとも現在のFASBとIASBの両方に対してより大きな競争圧力をかけるだろう。

純粋に実質的な根拠に基づくと、基準設定におけるより激しい競争を通してのみ、独占モデルの欠陥が修正される可能性が最も高いという単純な理由で、今まさに述べたような他のあまり意欲的でない代替案よりも最初の選択肢であるコントロールド・コンペティションが望まれると結論づける。さらに、もし競争が本当に効果的であるなら、IASBとFASBが二組の基準間の差異を解決しようと試みている間、競争をあやふやな状態にしておくべきではない。反対に、もし競争にメリットがあると信じるならば、二組の基準をすりあわせるよりは、むしろ異なったままの方がよいのかもしれない(二八)。

同時に、米国およびその他の国の政策立案者は、もしかしたら異なった基準に基づいて作成された財務報告を投資家が解釈しなければならないことから、透明性に関して損失をもたらすかもしれないと心配して、ここで支持するコントロールド・コンペティション・アプローチでさえも取り入れることに消極的になる可能性が高いことを認識している。しかしながら、そのような危惧には及ばないと確信している。すでに論じたように、一組の基準のもとでさえ、企業には経営成績の報告にあたって自由裁量の余地があり、このことは、現行制度の推進派が信じているかもしれない思い通りの比較を行う能力が現在、投資家にはないことを意味している。さらに、競争的な基準の体制のもとでは、民間部門のアナリストは、異なった基準に基づいて作成された報告書を翻訳し、調整する強力な営利的な動機をもつだろう。

全体的な調整の要求がないので、アナリストは、明らかに企業が必要なデータを自主的に提供しない限り、ある基準から他の基準へと財務業績を完全に正確に翻訳することに必要な情報全てを入手できないだろう。そして、もし市場が自主的なデータの提供に対して企業に報酬を与えるならば、企業は完全な調整に必要なデータを提供するにちがいない。

基準間の競争に対して、他にも二つの異論が示されるかもしれない。一つめの主張は、会計基準にとっての「市場」は、パーソナル・コンピュータのOSやビデオカセットの市場のように、自然な独占であるということかもしれない。もしこれが本当であったなら、有意義な競争は束の間で、一つの勝利した基準をもたらすであろうことは想像できよう。このような結果は本当にあり得るが、第一に、競争的なレースを続けること、そしてその過程で、競争が続く間にその競争から得られるベネフィットを実現することに反対する論拠とはならない。いずれにしても、会計基準間の競争が独占を減らすかどうかは少しも明確ではない。

基準間競争に対して最後に可能な言い分は、個人投資家とアナリストは、彼らが熱望するどんな方法を用いてでも企業の財務データを調整するツールで武装するので、会計基準はますます不適合になるだろう、ということである。次章ではこの可能性を論じるが、さしあたり、そしてしばらくの間、実質的に多数の投資家と（政府のような）他の財務諸表利用者は、標準化された財務報告を求めるだろうと結論づける。このことが真実である限り基準は重要であり続けるし、それとなく若干の競争形態も残り続けるだろう。

強制力

どんなに会計基準が完全なものになるとしても、もし基準が適切に施行されないならば、投資家は保護されないだろう。近年の監査上の問題の増加に関しては、エンロン、ウェイスト・マネジメント、ワールドコム、クエストおよび他の有名な大企業の監査に関連したアンダーセンの広範囲にわたって明らかにされた失敗で頂点に達したので、当然、その関心は監査人による財務諸表の検証を最も向上させる方法に焦点が移った。強制力を向上させるための、基本的でいくぶん重複するが二つのアプローチがある。そのアプローチは、相互に矛盾しておらず、観念的に補強すべきものである。それらは、監査人自らによる強化されたモニタリングもしくは監視と、監査を行う人々に対する監査を適切に実行するためによりよい（そしてより明らかに段階的な）インセンティブである。二〇〇二年のサーベンス・オクスリー法には両方のタイプの規定があり、そのいくつかは、賞賛に値するものである。しかしながら、他のものについては懸念を抱いている。

モニタリング

ここ数年の会計不祥事は、監査プロフェッションを監視するこれまでのシステムに不備があることを明らかにしている。そのシステムとは、つまり、米国公認会計士協会（ＡＩＣＰＡ）による自主規制（と監査基準の設定）、州当局による公認会計士の業務停止もしくは資格剥奪、およびＳＥＣによる監督の組み合わせからなっている。ＡＩＣＰＡは自らを維持しようとする体質ゆえに、その処罰は納得できるものではない。また、州当局では、専門的知識を有する人材が不足しているし、ＳＥＣは監視義務の遂行を怠っていた。

エンロンの実態が白日のもとにさらされた直後、会計不祥事に対する解決策として、ＳＥＣが監視する新しい独立機関を設置するという案が急浮上した。その独立機関は、公開企業の監査を行う全ての会計事務所を登録し、検査し、監査基準を設定し、施行する役割を担う。そして不正行為が生じれば監査法人を調査し、懲罰を与える。その機関に与えるべき権限と委員の選出方法について議論がなされた後、議会は公開会社会計監視委員会（ＰＣＡＯＢ）を設置した。ＰＣＡＯＢはＳＥＣが選出した五人の委員で構成される。委員の任期は五年で、五人の委員のうち二名までは現職の公認会計士もしくはＯＢで構成されることになる。活動資金は、（公認監査法人の登録およびアニュアル・レポートのレビューにかかわるコストが監査法人への報酬によって調達されることを除いて）全ての公開企業の時価総額に基づいた評価額によって拠出される（二九）。けれどもこれらのコストは究極的には株主によって負担されるであろう。この監視委員会は、監査法人の登録を留保し、無効にする権限をもっており、いかなる者にも監査法人と提携することを禁じることができる。もし不正行為が意図的なものでない場合、ＰＣＡＯＢは個人に対しては十万ドル、法人に対しては二百万ドルの民事上の罰金を科すことができる。不正行為が意図的なものである場合、個人に対しては七十五万ドル、法人に対しては千五百万ドルと、罰金は高額になる。

ＰＣＡＯＢは監査プロフェッションのモニタリングを強化すべく権限を与えられたのであるが、これが機能するかどうかは委員長の腕次第であろう。不運にも、ＰＣＡＯＢの滑り出しは決して好調といえるものではなかった。サーベンス・オクスリー法案の可決直後、

SECのハービー・L・ピット委員長は、結果として自らを辞任に追い込むことになる委員長選出の騒動に巻き込まれることになった。CIAのウィリアム・ウェブスター前長官を委員長にするピットの人事案も退けられた。本書が出版された二〇〇三年初めには、SECの次期委員長（ウィリアム・ドナルドソン）がすでに指名されていたが、PCAOBの委員長は未だ選出に至っていなかった。仮にPCAOBの人事を順当に進めることができたとしても、PCAOBが山積する難問を解決できるか定かではない。

いずれにせよ、仮にもPCAOBという新しい機関が必要とされたことには懐疑的である。SECはすでにその職業的責任に従って行動しない監査法人を懲戒する権限をもっていた。確かに、SECがその任務を適切に遂行するためには多分資源と人員が不足しているが、財政的支援が多くなれば、この問題を容易に解決することができるだろう（SECは、二〇〇三会計年度に追加の財政的支援を受けたが、それは監査プロフェッションの監督のためではない。）。実際、二〇〇三会計年度のこの機関に対する財政的支援のレベルに関する議論、そして、期待はずれでないとしても、困窮している人手不足の機関に対して実質的により多くの資源を提供するというブッシュ政権の不可解な失敗を受けて、SECへの追加の財政的支援は、議会の最優先事項として未解決のままである(二〇)。くわえて、いかなる監視委員会も設置されなかったならば、議会は、SECに、目障りな監査法人を完全に公開企業の財務諸表の証明業務から締め出すような「最終手段」(明らかにSECはこのペナルティを課すことに消極的であった)に頼るのではなく、罰金のような、段階的なペナルティを課す追加的な法的権限を与えただろう。

PCAOBに委譲された職務をSECが実行することに反対する他の主張もまた、メリットに欠けている。たとえば、監査人を監視するという任務は、証券取引所を監視すること、不正取引やインサイダー取引を調査すること、提案された株式取引の規則に賛否を表明すること、またはSECの他の法律で定められた課題を行うことよりも複雑であるということは、納得のいく主張ではないだろう。もし独立した監視委員会を作る理由が政治的な干渉から保護することにあったのなら、同じくその議論は断固としてするべきではなかった。SECは効果的に会計基準を設定することをFASBに委ねたが、利害関係者がFASBに影響を与えるのをSECは阻止しなかった。実際、まさに強制力は(司法省のような)他の連邦機関によって他の領域で遂行される固有の政府の警察機能であるので、議会がそれらの強制力の努力に対する監督責任を十分適切に行使している。もしSECが直接監査プロフェッションを監視しても、結果は何ら異ならないであろう。

けれどもこれは議会が決議したこと(あるいはブッシュ大統領が提案したもの)ではない。新しい機関が今日監査プロフェッションを監督するであろう。新機関はSECに報告を行うだろう。そして、それはすでにSEC登録企業から米国財務省によって徴収されている登録料に加え、SECに登録した企業、および独立した公認会計士に課される手数料から適切な財政的支援を得るべきであった。二〇〇二年の会計上の不祥事に対する懸命なメディアの関心を前提にして、PCAOBは今後かなりの期間にわたって、公衆の監視にさらされて運営される可能性が高い。ただこれだけで、PCAOBは、誰が委員長に選ばれるかにかかわらず、その任務を真剣に受けとめるだろうと楽観的に考えられている。それが重要であるならば、この公約がどれぐらい長く続くのかは、今後のことであろう。

より効果的なインセンティブ

さらに多く、そしてよりよい「警察のような監視役」を増やすことは、会計監査を改善する唯一の方法ではない。インセンティブを利用することは、監視役を増やすことと同じくらい重要である。それが他の者の監視が仕事であるプロフェッションを監視するよりも、安価でより効果的であるかもしれないからである。

正確な財務報告を行う責任は、まず経営者にある。その周りに、取締役会の監査委員会と取締役会全体、監査人および（新たな監視委員会のような）監査人の監督者がいる。政策決定は、これらの各層、もしくは番人が適切な注意を払ってその職務を行うことを保証するように設計されるべきである。

まずは経営者から始めるべきである。二〇〇二年サーベンス・オクスリー法を制定するにあたって、議会は、企業経営者、特に最高経営責任者（CEO）に、その企業の財政状態を公正に報告するよう保証することを目的とした一連の条項を含めた。その条項は、企業の財務諸表が、「全ての重要な点で、（企業の）経営と財政状態を公正に表示している」ことをCEOが証明するという新たな要求をしている（この要求はまた、SECによっても採用され、二〇〇二年八月十四日に実施された。）。それは、故意による不正行為一回に対して新たな刑事上の罰則（最高二十五年の禁固刑）と、そしてCEOに、もし企業がその利益を修正しなければならないならば、どんな業績連動型報酬も返還するように要求する条項である。

これらの条項は、CEOに企業の財政状態と経営成績を公正に報告するようにするインセンティブを増加させるけれども、いくつかの重要な点で、その条項は不完全である。CEOに証明させる条項の有効性は、長い目で見ると疑わしいとみている。なぜなら、CEOは、自らの法的責任をカバーするために、（企業の負担で）保険に入るからである。しかしながら、さしあたり、その宣誓は関心を高まらせたように思われるのに対して、最初、多くのCEOは従わなかった（二二）。同様に、新しい刑事罰は強情なCEOおよび取締役会を規律づけるのに有効であると政策当局はみなしているのであろうが、結局、この改革は見かけ倒しではないかと本書では疑っている。その理由は、最善の状況においても、会計不正について経営者に有罪と宣告することは非常に難しいことにある。このような裁判は高度に技術的なものであり、そして被告の経営者は、（ＩＦＲＳはいうまでもなく）米国ＧＡＡＰについてでさえ、必然的に企業と監査人が認める裁量の余地を指摘することができる。さらに、検察は、被告人が故意の不正を行う明らかな意図をもっており、それが合理的な疑いの余地がないことを証明しなくてはならない。これらは越えなければならない高いハードルである。それゆえ、連邦検察当局がすでに、（アデルフィアとエンロンの取締役のような）ニュースとなった会計上の不正行為があった企業のＣＥＯに対する刑事訴訟を起こしており、場合によっては、功を奏する司法取引を得ているとはいえ、もし一人以上のＣＥＯが刑務所に入ることになるならば、それは驚くべきことであろう。したがって、新しい刑事罰の究極の抑止力の影響ははっきりしていない。

もし利益が修正されなければならないなら、ＣＥＯが報酬を犠牲にするという要求のありうる有効性についてはいくぶん楽観的である。この強力な貨幣的なマイナスのインセンティブは、ＣＥＯに過度に積極型会計を使うことについてよく考えさせるであろうし、規制当局は、（詐欺に対する刑事や民事のケースであるように）意図やひどい怠慢、または単純な怠慢さえ示すことを必要とせずに、それを課すことができる。しかしながら、州の破産法を利用することによって、企業経営者はまだ、幾ばくかの金銭的負担を避けることができる。特に、テキサスとフロリダの法律は、破産者に、債権者、裁判所の判決、または罰金から、彼らの個人的な住居を、その経済的価値にかかわらず、守ることを許している。年金もまた保護されている。それゆえ、首尾よく計画を立てている企業経営者は、今なお不正な利益の大部分をとっておくことができるだろう。そして海外に資金を移動するという古典的な手段もある。もし当局が本当に経営者に彼らのボーナスを吐き出させようと試みるならば、多くの経営者は自らの資産を守るために、この方法をとるのではないかと思う。

もしFASBがすみやかに全てのストック・オプション、特に高い地位にいる経営者に与えられたストック・オプションを費用計上することを要求したならば、アメリカの企業経営者に対して適切な方向にインセンティブをシフトさせることについて、より楽観的になるだろう。ストック・オプションの費用計上は、ストック・オプションの付与の使用と範囲を和らげ、そしてそれによって若干の経営者が今日、株価の上昇傾向を維持し、それゆえ彼らのストック・オプションの価値を高めるために黒字を装い、平準化させなければならないというインセンティブを減らすだろう。幸い、IASBはすでにストック・オプションの費用計上を提案した。そしてそれはヨーロッパ諸国とＩＦＲＳを採用した他の国で企業経営者に適切なインセンティブを提供するだろう。アメリカについては、少なくとも、株主に経営者報酬制度の承認を要求しているＮＹＳＥとＮＡＳＤＡＱの新しい上場規則が、この制度による報酬額を減らし、その結果、おそらく、企業経営者が現在企業の利益を操作しなければならないというインセンティブを減らすだろう(二二)。

適切なディスクロージャーを保証する上で、取締役会は次の防衛ラインである。取締役会のメンバーは、株主のエージェントとしてその責任を果たす強いインセンティブをもっているだろう。それでも、多くの場合、企業の取締役会はＣＥＯによって選ばれたメンバーから構成されており、それゆえ独立性に欠けていた。ＮＹＳＥとＮＡＳＤＡＱがともに、取締役会の大多数のメンバーが経営者から独立していることを要求するよう上場規則を修正した今日では、この状況は変化している。さらに、証券取引所は今日、取締役会の指名委員会および報酬委員会の全てのメンバーが独立していることを要求している(二三)。これらの処置は、上級経営者の業績の監視者と評価者として取締役会の役割を強化するだろう。

取締役会の監査委員会は、特に、企業内部の会計と外部監査人の業務を監視する直接的かつ重要な役割を果たしている。監査委員会の全てのメンバーが独立した取締役であることを要求し、彼らだけに外部監査人の任免権を与えている二〇〇二年サーベンス・オクスリー法を本書は称賛している。同法はまた、企業に、監査委員会が責務を果たすために、独立した代理人や他の専門家を雇用するために十分なサポートを与えるように要求している。

ＮＹＳＥの新しい上場規則は、取締役会の監査委員会を適切に強化しているとみなされる。特に、この規則は外部監査人と内部監査人に、企業の取締役が立ち会うことなく、指定された時間に監査委員会と会見するように要求する。この規則はまた、他の取締役会のメンバーと異なり、監査委員会のメンバーがストック・オプションで委員会報酬のうちの一部でも受け取ることを禁止している。委員会メンバーには現金あるいは株式で報酬が支払われなくてはならない。

取締役会と監査委員会のメンバーは、受託責任を果たしていないと思われるならば訴訟の対象となるので、経営者によって作成された財務報告およびその企業の内部監査人と外部監査人の仕事の範囲について評価する強いインセンティブをもつだろう。さらに、注意すべき理由がある。新しい規則にもかかわらず、「独立した」取締役でさえ、みかけほど独立していないかもしれない。たとえば、取締役は、彼がＣＥＯを失脚させる場合に、その報酬を失うことを恐れるかもしれない。あるいは財務報告の公正性を評価する時間と専門的知識をもっていないかもしれない。通常、その代わりに彼らは外部監査人による評価に頼っている。

独立した公認会計士からなる外部監査法人もまた、その仕事を遂行し、評判を守る強いインセンティブを有している。結局、監査法人の「製品」は、専門的知識と、彼らが立証しているのはＧＡＡＰに準拠して企業の財政状態を表示する財務諸表だけであるという財務諸表利用者による信頼の組み合わせである。もし外部の監査法人がその責任を果たす上でひどく怠慢であるように思われるなら、告訴されることが予期できる。したがって、監査法人は確かに法的責任にさらされることを気にかける。アンダーセンの代表社員に尋ねてみるとよいだろう。彼らは保険がカバーする金額を遙かに超えた法的責任のコストに潜在的に直面している。同じことが起きるかもしれないことを恐れ、そしておそらく今より高い保険料を負担することになるであろう他の会計事務所の代表社員にも尋ねるとよいだろう。

しかしながら、これまで尊敬されていた監査法人が、クライアント企業が適切な収益と費用の認識のような基本的でＧＡＡＰに大事に守られている規則に違反するのを防ぐことに失敗したことは、法的責任ベースのインセンティブの有効性を問題にするように仕向けた。法改正が、クライアント企業が偽証することについて、監査人が関心を向けないようにするほど十分に潜在的な法的責任のペナルティを減らしたことが示唆された。しかしながら、前章で提案しているように、この誘惑的な説明は、事実によって裏打ちされるようには思われない。

けれども、会計監査の失敗の重要な理由の一つが、過度にミスリーディングな財務諸表を立証した公認会計士個人に対するペナルティが不十分であることが示唆されている。問題は、過去の法的責任と強制力のシステムが、監査法人の**代表社員個人**ではなく、監査法人に怠慢や故意による不正行為を抑制させることに集中したことである、と確信している。

少なくとも、監査人の責任について議論され、今、本気で取り組まれている公の場や議会でこれまでのところ反響をよんでいるように、これは伝統的な見解ではない。特に、サーベンス・オクスリー法は、暗黙のうちに、監査とは無関係なコンサルティング業務に監査法人が広くかかわっていたことによる監査人の過去の失敗について非難している。そしてこのコンサルティング業務は、儲かる非監査業務を守り続けるために、監査を妥協する過度のインセンティブを監査人に与えたと批評家は主張した。エンロンとアンダーセンの関係は、この主張のためにちょっとした「シンボル」になった。エンロン破綻の前年、アンダーセンはエンロンから、二千五百万ドルの監査報酬よりも多い二千七百万ドルのコンサルティング報酬を得ていた。ＳＥＣによる二〇〇一年の研究では、非監査業務が監査法人の間で広範囲に行われていると報告されている(二四)。

二〇〇二年の初夏までに、監査の評判を維持したいという願望から、残っている四大監査法人は、非監査業務（特に情報技術コンサルティング）を売却するか、監査のクライアント企業向けに監査に関連しない仕事をあきらめるかのいずれかの措置をとっていた。サーベンス・オクスリー法は、その後に、外部監査人に、監査のクライアント企業のために遂行していたであろう内部の会計とデータ処理の仕事をレビューすること、および監査のクライアント企業に他の特定のサービスを提供することを禁じることによって、監査業務と非監査業務とが並行して行われることについての懸念を条文に託した。くわえて、同法は、監査法人に対して、税務サービスや金融サービスのような特定の非監査業務を請け負うためには、SECから明白な許可を得ることを要求している。さらに、取締役会に、監査法人に許可することができる監査に関連しない仕事を承認することを要求している。相対的に、これらの新たな規定は、監査法人に、監査のクライアント企業にいかなる非監査サービスを提供することを禁止する実務的な効果をもつ可能性が高い(監査人が今なお、会計監査をしないクライアント企業に対して非監査サービスを提供しているかもしれないが)。

監査人がまず自らが行った内部監査機能をレビューすることを防止している説得的なケースがあるけれども、他のビジネスに携わる監査人への批判と、監査業務と非監査業務を分離させることを意図する関連した制限は、規定すべき条文の所在が違っていると確信している。もし監査人がクライアント企業のために会計監査のみを行うことに制限されるならば、監査人は今なお、クライアント企業を満足させられないために、そのビジネスを失う可能性に直面している。結果として、実質的にどんな犠牲を払ってでもクライアント企業を維持することを意図している監査法人は、その業務の品質を落とすことに同じインセンティブをもつだろう（二五）。この問題は、経営者が監査人を任免することを禁じるという新たな規定によって解決されるべきであるが、後ほど論じるように、非監査業務に従事しているかどうかに関係なく、監査人に対して正しいインセンティブを与える上で本当に重要であるのは任免の決断であるという事実を、この禁止規定は強調するにすぎない（二六）。

一方、監査法人に対する制限は、監視委員会による新たな厳しい監査の監視とあいまって、監査コストを上昇させるだろう。くわえて、アンダーセンの崩壊で、五大監査法人は一つ減って四大監査法人となった。最終的には、監査業界の独占的な性質を考慮すると、監査を実行するための追加的なコストは監査報酬を増大させるだろう。報酬の増加分は、必然的に、株主と影響を受ける企業の製品の消費者によって負担されなければならないであろう。おそらくより優れた監査から生じる株主にとっての利益は、特に、個別に高くついた監査の失敗の影響を和らげるために、株主が多数の銘柄から構成される株式のポートフォリオをもつことができると考えれば、このコストを埋め合わせるのに十分であるかどうかについては疑問がある。

もう一つの広範に論じられた提案についても懐疑的になる理由がある。その提案とは、企業にその外部監査法人を数年ごとに交替させることを要求することである。もちろん、交替させられることを知っており、その仕事が後継者によって綿密に調べられることになる監査人が、毎年、仕事を進める上でより注意深くなることはあるだろう。しかし、もう一つの効果が反対方向に働くかもしれない。交替が終わったときに企業が次の監査人を選ぶために通常開催するであろう「美人コンテスト」で、監査人が戦略的に寛大な監査をすることを約束するかもしれない。さらに、もし監査上の制約に大規模監査法人の数を減らす効果があるならば、監査法人の強制的な交替はあまり実務的でさえないように思われ、その提案者が期待するよりもずっと小さな便益しか見込まれないだろう。結局、サーベンス・オクスリー法は、（以前の七年よりも短い）五年ごとに監査の代表社員の交替のみを要求し、政府会計局に監査法人自体が交替されるべきかどうかを検討するよう委ねた。ＥＣと英国はこの方針を検討している。シンガポールはすでに監査法人の強制的な交替を実施し、イタリアも同様である（イタリアでは失敗として認知されていると理解されている。）。

究極的には、義務的な交替と非監査業務上の禁止事項は、**表面的なもの**だけに対応し、最近の監査上の失敗で明らかにされたのは根本的な問題には対応していない。その問題とは、監査人がこれまで監査の品質を危うくするインセンティブを有していることである。なぜならば、監査契約は、監査人が検証する財務報告を監視するのと同じ企業経営者によって決定されているからである。米国の証券取引法が一九三〇年代に考慮されたとき、この潜在的な対立に対して提案された「解決策」は、公に取引されている証券を発行する企業を監査する責任を有するであろう連邦取引委員会内に連邦政府監査局を設立することであった。この考えは、それが多くの役人を必要としたことと、公共の会計プロフェッションによる強力な反対によって、却下された。これと同じ関心と反対理由が今日広まっているだろうと信じる理由が十分ある。

監査人の任免権を証券取引所、ＳＥＣ、あるいは企業の法的債務の保証業者のような第三者に完全に移すという、より抜本的な解決策が提案された（二七）。表面的には魅力的であるが、それぞれの代替案は、監査を必要とする上場企業がおよそ一万七千社も存在しているという事実から生じる実務的な問題を多数生じさせる。これらの企業全てに監査人を割り当てるために、いくつかの仕組みが用いられなくてはならないであろう。その仕組みとは、割り当てを行うための「美人コンテスト」、あるいは入札およびオークションである。

その仕組みが何であるとしても、そのプロセスを管理するために潜在的に多数の役人が必要とされるであろう。

原則として、もし多数の企業を会計監査する権利をまとめて競売にかけるなら、コストと複雑さは減らすことができるだろう。しかし実際、そのパッケージあるいはグループ分けはどのように行われ、どのような基準に基づくのだろうか。一つ以上のケースで怠慢で有罪とされた監査法人は、どの程度まで他の監査に対する権利への入札が制限されるのだろうか。四大監査法人よりも小規模な監査法人一社、またはグループでも、監査サービスの市場に効率的にかかわることがないということを確実にしてしまうという問題がある。その問題は、市場占有率に制限を課すことによって解決されるかもしれないが、そうすることによって、（おそらく、株主の利害と関係ない除外プログラムをもたらす）監査人の選択プロセスに政治的な干渉を招く可能性が非常に高くなるだろう。

要するに、第三者によって監査人を割り当てるための実務的な障害があまりにも大きいと確信している。それよりも、インセンティブ問題は、監査人が監査委員会によって選ばれるように要求しているサーベンス・オクスリー法の規定および監査委員会のメンバーの独立性を保証し、彼らに報酬を支払う方法を変更しているＮＹＳＥの新たな上場規則を通じて、より上手く取り扱われている。

政策は主に監査法人に株主の利益のために行動するようインセンティブを強めることに焦点をあてている一方で、より多くのことが、個々の外部監査人に対するインセンティブを強くするために行われるだろう。第二章で指摘したように、規制当局は、実質的にGAAPに従っていない財務諸表を過失または怠慢により証明した公認会計士をほとんど懲戒してこなかった。

したがって、かなりの公認会計士は、クライアント企業を不快にしないことで報酬に屈服してきた、と信じられる。SECに提出された財務諸表を過失もしくは故意に証明した会計士個人を懲戒する権力をずっと有していたSECよりも、PCAOBが監査人を懲戒する責任をいっそう真剣に受け止めるならば、監査法人同様、監査人個人を懲戒する責任を負っているPCAOBの創設は、この状況を改善するだろう。有益と思われる第一歩は、監査に責任をもつ代表社員と、審査担当代表社員に、監査法人の名称と同様、自らの名前を監査報告書に署名することを要求することであろう。その法案は、監査法人と同様に監査人個人が監査に責任を負うことを確実に理解させることに役立つであろう。

グローバル環境でのディスクロージャーの強制

これまで本書では、資本市場はますますグローバルな性格になっているけれども、それゆえ世界で一組の会計基準をもつべきであると信じることは誤りであると主張した。特に、基準設定においてはある種の競争が最も投資家に役立つと主張したが、とにかくたとえ政策当局が一つの基準に合意したとしても、それは多分時間が経つにつれて分解する可能性が非常に高いだろう。

もし一組の会計基準が、実在しないものを追い求める旅であるならば、国家をこえて会計基準を強制する共通システムを開発するどんな努力も同じである。実際のところ今日、存在するかもしれない会計基準が何であれ、強制するのに有効な法的責任システム、規則、市場に基づいたインセンティブなどの様々な制度を、異なるかたちで使用して異なる制度を形成してきた歴史的状況における差異を想定すると、これらの差異を調和させることを目的とした限られた努力が現在進められてはいるが、各国が真剣に努力する見込みはない。サーベンス・オクスリー法が成立したすぐ後に、米国の当局者は、世界、特にヨーロッパから同法の規定、特に、企業の本社が米国以外にある場合、米国で監査を行う監査法人の監視の適用範囲についての反対意見を聞かされた。辞任のおよそ一か月前、SECのピット前委員長は、EUが加盟国に対して米国と同等の監視体制を構築しなければ、EUの監査人を米国の監視規定の対象外とできないことを示唆した。

今なお、まだ、強制措置における大きな相違が各国の間で存在し続けるであろう。しかしながら、国家をこえた比較可能性に関心をもった投資家にとって最も適切な質問は、そのような異なった強制システムの帰結は、長期的にどうにか収斂するのだろうか、というものである。つまり、異なる国で公表された財務数値が異なる報告慣行に基づいて作成されているかもしれないけれども、少なくとも大まかに同じくらい信頼できるという投資家が現在もっている確信よりも優れた確信を与えることは可能だろうか。

エンロンの不祥事が起こる前に、まさしくこの目的を達成するために、会計プロフェッションの中で努力が行われていた。国際会計士連盟（ＩＦＡＣ）の援助のもと、世界の大規模監査法人三十社によるフォーラムが、二〇〇一年九月に「多国籍」企業の監査を定期的かつランダムにレビューする相互評価システムを確立するという提案を公表した。この提案の目的は、最初のうちは、異なる国で事業を行っている企業の監査結果の統一性を確立することであった。

フォーラムは続いているが、米国における様々な会計上の大失敗に引き続いて、少なくとも当面は、着手されている方法による自主規制は信用されていないように思われる。にもかかわらず、この努力は放棄されるべきではないと信じている。実際、それは可能な限り早く実行されるべきである。なぜならば、独立した監査人および監査法人は、長い間関係してきた高潔さと高度の専門的基準を今なお維持していることを再確認する必要性があるからである。

それゆえ、フォーラムは、全ての加盟監査法人が同意している一組の監査および会計報告についての倫理的および専門的基準を開発していることを示唆している。これらの基準は、財務諸表で報告された数値が、企業の財政状態と会計期間中のその変化を公正かつ信頼できる概要を表示していることを、相当高い確実性をもって提供する一般に認められた監査基準に従って財務諸表がフォーラムのメンバーによって証明されたことを重視すべきであろう。財務諸表が準拠している会計基準は、米国、ＥＵ、あるいは基準が類似している他の国によって公表されたものであるかもしれない。それゆえ、これらの財務諸表を利用する投資家は、財務諸表の内容が彼らが主張するものである可能性が非常に高いことを確信するだろう。

フォーラムは二つの方法でメンバーによる遵守を保証するだろう。最初に、ランダムに選択された監査の相互評価が行われる。次に、もしこれらのレビューによって、監査が監査基準を満たしていないか、あるいは証明された数値が主要な会計慣行に違反したために利用者をミスリードしたことが発見されたならば、監査法人は罰金を科され、監査を監督した代表社員と審査を担当する代表社員が懲戒されるだろう。特に、加盟監査法人は、非常に怠慢であったことが判明した代表社員を解雇することを誓約する。監査法人はまた、監査と審査を行う代表社員に、適切に監査を実施すること、およびもしフォーラムが適切に監査を実施していないことを発見したならば、フォーラムの制裁に従うという規定のある協定に署名することを彼らに要求する。そのような制裁は、辞任または損害賠償金の支払いとなるだろう。

フォーラムのようないずれかの組織が発展して、そして広く受け入れられるまでの間、投資家は、強制力の体制の相違とその結果を甘んじて受け入れなければならないであろう。様々な国の企業の経営成績を真に比較するという意味のない調査は継続するかもしれない。けれども、もし投資家が本当に強制力についてはより調和化が進んだ状態を評価するならば、その結果をもたらすもう一つの方法は、各国政府が許容するならば、証券取引所間の競争を通じたものとなるだろう。高品質な会計基準と強制力をともなった証券取引所は、証券発行者および投資家を等しく引きつけ、証券発行者と投資家に、劣った証券取引所から市場占有率を奪うだろう。したがって、証券取引所間の競争がより進んだ調和化と、投資家が求めていると思われる報告の信頼性をもたらす効果的で実務的な方法であるかもしれないので、政策当局は、競争を促進することにより大きな注意を払うべきである。

まとめ

現在の企業のディスクロージャー制度における欠陥、特に米国における会計不祥事の波によって示されたような欠陥の解決を計画する上で、表面的な問題ではなく、根本的な問題を扱うことが重要である。本章と前章で、少なくとも米国では、主な問題は会計基準の設定方法と強制される方法にあると論じた。

議会、証券取引所、および市場はこれらの問題を全く取り扱わなかった。既存の基準設定のシステムにある欠陥を、誰も未だ満足がいくように取り扱わなかった。本書の見解では、特にFASBとIASBといった基準設定機関の間にある程度の競争がもたらされるまで、生産的な方法ではないだろう。

強制力に関するかぎり、米国の政策当局は、企業経営者、取締役会メンバー、および監査人が信頼できる財務諸表を作成し、公表するようにより大きな注意を払うよう様々な新たなインセンティブ――大部分は、積極的なインセンティブというよりはむしろ罰金のかたちをとるが――を与えると同時に、監査プロフェッションの監視を向上させてきた。これらの方法には成功するものもあれば、失敗するものもあるし、非生産的なものもあるかもしれない。

最後に、まさに世界にあまねく認められる一組の会計基準が現実的な目的ではないのと同様に、一つの会計基準の強制システム（あるいはもっと一般的には、コーポレート・ガバナンスのシステム）も同じくそうである。代わりに、強制力においてより大きな統一性を確保するという初期の努力が、エンロン・スキャンダルが起こる前に開始された監査プロフェッションによる自主規制を通じて継続され、強化されるべきである。なぜなら、もしそれが成功するならば、高度な監査基準を維持することを主張する監査法人同様、投資家にもベネフィットがあるからである。今まで通り、投資家は、企業の業績を反映している財務諸表の本当の比較可能性が決して達成できない目的であるという事実に耐えなければならないだろう。

第四章　ディスクロージャーにおける今後の課題

正確かつ目的適合的で、さらにはタイムリーな情報の継続的提供は、資本市場が機能するために不可欠である。二〇〇二年の会計不祥事によって、投資家はこの当然の事実を再確認した。企業による報告利益に信頼性がなければ、投資家が自発的に株式を購入することはないだろう。買い手のつかない株式の価格は下落するしかない。実際、二〇〇二年夏には、そのことを理由の一つとして株価は急落した。

法制化、上場規則の変更、投資家からの圧力などを通じて、すでに会計制度および監査制度の様々な改革が実施されている。これらの制度改革によって、投資家による財務諸表への信頼を回復することになるであろう。しかし、第三章でも述べているように、特定の改革については不必要であったり、逆効果となっている可能性がある。また、利益数値の信頼性を重視すると、投資対象企業の将来キャッシュ・フロー予測に関心を有する投資家に対して、以下の四つの理由から、価値の低い情報を提供することになりうる。

第一に、公表された財務報告は、元来、過去指向的であることがあげられる。とりわけ資産および負債は、測定可能性と測定値の客観性を重視するため、原則として、現在の市場価値ではなく、取得原価で記録されている。確かに、多くのアナリストや投資家は、将来予測のために、損益計算書、損益の推移、主要な財務比率などの財務情報を利用している。また、経営者の業績評価のためにも財務報告を利用している。しかし、二〇〇二年の市場の混乱でも明らかとなったように、大多数の企業の過去と将来とは完全に別物であるため、報告利益のみを利用した将来予測は非常に危険である。近年、多くの投資家とジャーナリストは、アナリスト予測こそ「将来あるべき数値」と解釈している。このため企業は、アナリストの予測利益と一致するか、それを上回る利益を報告しなければならないというプレッシャーを受けている。そして、このプレッシャーの結果、市場の期待、より正確にはアナリストの期待を裏切らない利益額を報告するために、悪評高い「利益管理」あるいは収益および費用の操作といったことが行われるようになった。

第二に、市場で評価される企業価値の大部分は、貸借対照表（あるいは損益計算書）に計上されない**無形資産**によって占められていることがあげられる。無形資産それ自体は、市場において個別には売買不能である。無形資産は、特許権、著作権、商標、企業秘密といった知的財産だけでなく、企業のもつ人的資源、顧客層、コーポレート・ブランドとその知名度、露出度など企業の収益獲得に貢献するあらゆる無形物を含む。無形資産はいわゆるハイテク企業だけでなく、特殊な製造工程、高名なブランド、品質やサービスに対する高い評判、熟練労働力、および安定した顧客層を有する「オールド・エコノミー」企業にとっても、重要な意味をもつ(一)。

無形資産の重要性とその重要性の増加を示す証拠はどこにあるのだろうか。その答えは(株価によって示される)企業の市場価値にある。バルク・レブによる無形資産についての研究成果によれば、S&P五〇〇指数を構成する株式の時価簿価比率は、一九九〇年代序盤から終盤にかけて、三対一から六対一へと倍増していたことが判明した(二)。当時と比べて株価はかなり下落しているが、一九九〇年代半ばの水準は上回っており、過去十年間における時価簿価比率は間違いなく大幅に増加している。時価総額と簿価の乖離の一部はおそらく(建物のインフレーションや棚卸資産の後入先出法などのような)資産の過小評価を原因とするが、そのほとんどは貸借対照表に計上されていない、顧客層、労働力、研究開発などといった無形資産が市場によって評価されたためである(三)。

第三に、将来予測に役立つ重要な非財務情報が報告対象とされていないことがあげられる。その他の事象に関する情報も、頻繁に発生するものの、四半期もしくは年次ごとにしか(そして発生からかなりの時間経過後にしか)報告されない。たとえば、新たな顧客との取引のよる損益、企業内部者による自社株式の売買、経営陣の交代、新たな特許権の取得、自社製品に対する需要の動向などがそれである。エンロン事件の結果を受けて、SECは、そのような非財務情報のディスクロージャー量および頻度の拡充を求めた。インターネットを有効に活用すれば、頻度の高いディスクロージャーの実現可能性が高まる。

第四に、報告された情報が、投資家にとって最も有用な情報とはかぎらないことがあげられる。財務報告は、基準で定められたフォーマットに基づき、基本的な企業情報を要約したものにすぎない。このような要約やフォーマットでは、経済情勢が変化した現在、企業経営を把握し、その将来性を予測するための手掛りとして（今までは役立っていたとしても）、もはや十分に役立たないのかもしれない。また、アナリストが特定の分析を行うにあたっても不十分かもしれない。コンピュータを中心とする新技術の発達、とりわけインターネットの発達によって、投資家は、独力で、あるいはアドバイザーの助けを得て、特定の企業情報の再編集が可能となり、その結果、企業が作成している現在のＧＡＡＰ準拠の財務諸表を必要としなくなる可能性がある。

新たなコンピュータ言語であるＸＢＲＬの発達は特別な意義をもつ(四)。より普及しているＸＭＬをベースにしたＸＢＲＬでは、財務情報、非財務情報を問わず、データベース上のあらゆる情報に、「タグ」もしくは認識票が企業によって与えられる。利用者は、これらのタグを使い、企業が提供したデータを自由に検索、入手し、さらには、それらデータを利用しやすいように加工、再編集することが可能になる。後述するように、現在、インターネット上で企業が提供しているＨＴＭＬベースのテキストは、固定されているために再編集が不可能であり、そのような作業はできない。

現在、企業、その担当会計士、一般投資家、そして規制当局が直面している重要課題は、市場参加者全員が、個々の企業の将来性をより正確に判断可能となるような、より有用で、目的適合的なディスクロージャーの達成計画を明示することである。その計画が効果的であればあるほど、資本市場はより効率的になり、投資価値の高い企業に資金が配分され、また、資金を必要としている企業の資金調達コストも軽減されるであろう。

無形資産の開示方法

無形資産の重要性が高まっている現在、無形資産を評価し、貸借対照表に計上することを企業に義務づけようとすることは当然であろう。さらには、その価値を期末ごとに再評価し、増減額を損益計算書に反映させることが望ましい。実際、企業買収もしくは合併を計画している企業は、対象企業の無形資産の価値を算定しているはずである。

無形資産を経営管理上の必要性から評価するのと、財務諸表に計上するために評価するのとでは、事情が全く異なる。無形資産を取引する市場が未発達であることが最大の相違点である。したがって、企業および近年の会計不正事件によっていっそうの重要性が指摘されている監査人は、無形資産を購入するか、取得に要した費用を算定できなければ、これらの価値を客観的に検証することができない。企業が無形資産の価値を評価する場合、市場価値が不明なため、期待キャッシュ・フローとその割引計算のために利子率を利用することになる。しかし、期待キャッシュ・フローは不確定性が高く、かつ利用にあたって恣意的な操作を加えることが容易である。さらには、売却価値と使用価値とを比較して無形資産の市場価値を算定することは大変困難であり、通常は不可能である。以上の理由から、全ての無形資産を貸借対照表に計上することを企業に求めるのは、市場価値を容易に決定できる資産に比べて、コストを要するばかりでなく、かなりの危険性をもともなう。

むしろ、投資家やアナリストが無形資産の価値を直接的に評価できるような**非財務**情報を、より多く開示する方が効果的であろう。たとえば、顧客や従業員の満足度、製品・サービスの品質、イノベーションの成否、従業員および経営陣の習熟度、その他の様々な指標といった、個々にあるいは全体としても、米国ＧＡＡＰに基づいて作成された財務報告よりも企業の将来収益力に関する投資家の予測にずっと役立つと思われる項目があげられる。

これらの情報全てに有用性が潜在しているのならば、なぜ、企業は常時、開示しないのであろうか。これにはいくつかの理由が考えられよう。

第一の理由として、開示項目もしくはその算定・表示方法を示す基準が、今のところ存在していないことがあげられる。業界によって開示すべき項目が異なるため、この問題の解決には時間がかかるであろう。

第二の理由として、これまで提供していなかったデータや情報の提供を新たに開始すると、市場の期待に応えるためにも、今後、継続的に提供し続けざるを得ないという企業の懸念があげられる。また、このような提供にともなって、誤ったあるいは不正確な情報を開示する可能性が生じ、その責任を負うという新たなリスクが発生することも企業は憂慮しているのだろう。さらには、そういったディスクロージャーが競合他社を利する可能性も考慮しているだろう。

確かにこれらの懸念はもっともである。しかし、（一部の数値は全ての産業に対して適合するであろうが）産業によって現在および将来の財務的健全性を適切に示す非財務数値が異なることを考慮しつつ、慎重に基準設定を行えば解決可能であろう。ただし、産業通商団体やその他類似する業界団体（ビジネス円卓会議や商工会議所など）が、業界固有の数値を自発的に開発することは期待できない。第三者が企業および関連団体の活動を後押しする必要がある。ＦＡＳＢがこの問題に関するプロジェクトを始動しており、今後の活動の展開に期待したい。しかし、FASBの主たる役割は財務報告基準の設定であって、(研究支援はしているものの) 非財務情報の報告にかかわる活動は未経験であり、その活動には限界がある。何より、FASBは、他のプロジェクト、とりわけ米国GAAPの整備に手一杯で、有用な非財務指標を開発するための特定産業による討議会を支援したり、組織する余裕はない。

したがって、SECおよびSECに相当する他の国の機関が、公的な基準設定プロセスを通じてではなく、特定業界もしくは全産業団体によるフォーラムの主催者としてこの役割を引き受けてはどうであろうか。基本的に、これらフォーラムの目的は、メディアを通じた公表が可能である有用な非財務指標の特定にある。やがて、投資家、とりわけ機関投資家が、投資対象企業に対してこれら指標数値向上のためにとっている経営行動の公表を要求し始める可能性は高い。そして将来的に、市場によって最も一般化された指標の公表を、規制当局もしくは基準設定機関が強制すればよい。

前出のフォーラムは、次表のようにすでに提案されている非財務数値について前向きに検討すればよい。一九九〇年代初頭にFASBのエドワード・ジェンキンズ議長(当時)の主導のもと作成された非財務情報開示に関する報告書を皮切りに、有用とされる指標が文献に登場し始めた(五)。それ以来、同様な試みが続けられているが(六)、それにくわえてごく最近、経済協力開発機構（ＯＥＣＤ）が企業業績測定に有用な非財務指標を特定する試みを開始した(七)。

外部監査人もこの議論に参加すべきであろう。そうすれば、追加された情報を企業の依頼で監査する場合に役立つガイドラインを開発し、提案することができる。そのような監査が行われれば、利用者からの信頼性も高まり、結果として情報の有用性も高まる。

また、追加的な企業情報が入手可能となることで予想される、みせかけの大義名分を振りかざす弁護士や投資家からの訴訟に備え、「免責事項」を設定し、企業を保護することを真剣に検討しなくてはならない。企業および個々の監査人は、指標数値の算定、表示および監査において甚大な過失があったことが原告によって証明された場合にのみ、責任を問われるべきである。

いずれにせよ、企業全体であれ、産業ごとであれ、特定の非財務指標の強制開示を検討するのは時期尚早である。試行錯誤に時間を必要とするので、今すぐその作業に取りかかるべきである。

ディスクロージャーとインターネット

次なる政策的な課題として、より完全でより迅速な企業情報開示を促進するために、コンピュータやインターネットといったテクノロジーを上手く使いこなすことがあげられる。この課題は、すでに先達によって取り組まれているし、また今後も取り組まれ続けるであろう(八)。以下においては、(まだ)さほど広まってはいないが、有用であろうコンピュータやインターネットなどの技術を利用したディスクロージャーについて説明する。

現在、ディスクロージャーに関して、インターネットは、絶対的とはいえないまでも、企業情報の最も迅速かつ簡易な公表媒体の一つである。プレス・リリース、年次報告書、およびその他企業刊行物など、企業が印刷物として公表する情報は、基本的にウェブ上で公開されている。さらに、四半期ごとの「アナリスト説明会」あるいは四半期利益報告書の説明と質疑応答をウェブ上で「動画配信」するなど、定例会見の代替手段としてインターネットは効果的に利用されている。

そして、以下の二つのような様相で、現在以上に迅速かつ完全なディスクロージャーが、インターネットの利用によって実現するだろう。第一に、インターネットの利用によって、四半期以上の頻度、たとえば、月次あるいはもっと短い（リアルタイムに近い）間隔での財務報告が可能になることである。すでにかなりの企業が、四半期以上の頻度で内部報告目的の損益計算書を定期的に作成している。実際、銀行、証券会社、および投資信託会社のような金融機関は、ほぼ**連夜**、帳簿の締め切りを行っている。だとすれば、なぜすでに保有している財務情報を即時に投資家へと伝達し、企業内部者と株主および潜在的株主との情報の非対称性を是正しないのであろうか。

また、より頻度の高いディスクロージャーは、頭痛のタネである利益管理問題の解決手段としても有効である。一般に、経営者には、アナリストによる四半期利益予測額を下回らないように利益を操作する傾向がある。企業が四半期以上の頻度で定期的な財務報告を行えば、アナリストはそれに合わせて利益予測の頻度をあげなくてはならず、予測値の「正確性」の意義は大幅に低下する。このため、報告頻度の増加は、アナリスト予測を意識した経営者による利益操作のインセンティブ（そしてそのような利益操作を監査人が看過すること）を減少させることになる(九)。

ディスクロージャーの頻度が高まることで期待されるもう一つの成果は、減価償却費などの非キャッシュ項目よりも、キャッシュ・フロー項目が強調されるようになることである。基本的に株式評価は、将来キャッシュ・フローを基礎として行われるため、この変化は株式評価のためには好都合であろう。

財務情報のより頻繁な開示に対する反論として、開示に必要なデータが監査済でないことがあげられる。現在、四半期財務情報は監査の対象ではなく、この状態は、規制当局が、頻繁に開示される情報の簡便で費用対効果の高い監査指針を作成するまで変わらないだろう。そして監査指針作成後は、指針に従った企業には免責条項を認めることが適当であろう。しかし、それ以前に、より頻度の高い財務報告を**強制**することは現時点では時期尚早である。多くの企業はその要求にたとえ月次であったとしても応えられないであろう。それ以上の頻度となればいうまでもない。

第二に、インターネットを情報伝達媒体として利用するだけではなく、投資家が利用しやすい形式でデータを開示したり、集計する媒体として利用する方法を見出すことである。このための試みとしてXBRLの導入計画があげられる。

現在、ウェブ上で入手できる情報はHTML形式で作成されている。基本的にHTMLは文章の表示方法を表示装置（ディスプレイやプリンタ）に指示するものである。HTMLでは、一般的に、利用者は、表示された勘定科目や金額といった個々の項目を分類する、抽出する、並びかえるなどといった再編集ができない。一方、XMLでは、個々の「データ要素」にタグが振られているため、利用者がデータを再編集したり、加工することができる。とりわけXMLならば、利用者は、財務分析の際に、データをウェブ上から表計算ソフトのファイルに取り込むことができる。このようにして入手されたデータは、他の情報とともに図表などの作成に利用され、それらの図表は、企業が作成、公表する文書以上に多くの情報を利用者に提供するであろう。

ＸＭＬを応用したＸＢＲＬプロジェクトはＡＩＣＰＡによって計画された。世界中の百七十社以上の企業がそのコンソーシアムに参加している。それらの企業は、ＩＡＳＢも含めた世界中の主要な会計基準設定機関と協同しながら、業界特有のデータ全てにタグを振るためにＸＢＲＬを利用し、共通の財務言語を開発している（一〇）。たとえば、ある頭字語が「現金」を、また別の頭字語が「売掛金」を意味することになる。ＸＢＲＬをベースとしたタグの割り振りが完了し、企業による利用が開始されれば、専門的知識をもつ財務アナリストのみならず、多様なバックグラウンドをもつ情報利用者も、企業の詳細なデータを容易に入手し、それらのデータを一般に入手可能な表計算ソフトを利用した様々な方法で再編集することが可能になる。さらに、ＸＢＲＬならば、企業は、規制当局、証券取引所、銀行、契約先、監査人などへの提出書類も含め、目的に応じた多様なフォーマットにあわせてデータを再編集することができる。

専門家によれば、ＸＢＲＬタグが広まると、利用者は、現在のように会計基準に基づいて作成されたフォーマット以外での財務データの入手が可能になる。したがって、利用者

財務ドライバー（売上高成長率、粗利率、現金税金率、売上高運転資本率、売上高資本的支出率、資本コスト）
ベンチマークテストの業界内順位
研究開発の費用対効果（研究開発費に対する特許取得数）
新製品の流通ルートの規模
ブランド競争力

出　所：PricewaterhouseCoopers, *Value Reporting Forecast, 2000* (New York, 1999).

新製品の売上高と売上総利益
売上高に占める新顧客獲得による売上高
市場セグメントごとの売上高分布
地域ごとの売上高分布
勧誘の成功数もしくは勧誘によって顧客が実際に製品ないしサービスを乗り換える割合
新規顧客獲得にかかる勧誘費用もしくは勧誘費に対する新規顧客からの売上高
既存の顧客との取引増加率
損益分岐に要する時間（開発費の回収に要する時間）

出　所：Robert S. Kaplan and David P. Norton, *The Balanced Scorecard* (Boston: Harvard Business School Press, 1996)（吉川武男訳『バランス・スコアカード』、生産性出版、1997 年）.

このリストの作成にはピーター・ウォーリソンに多くを拠っている。

有用性が期待される非財務的あるいは非伝統的な業績指標

以下の項目は、多くの専門家によって財務報告に記載するだけの情報価値を潜在的に有するとされている非財務的かつ非伝統的な業績指標である。

直近Ｘか月における売上高成長率
商品化に要する平均時間
製品品質への市場認知度
サービスの品質に対する市場認知度
売上高Ｘ%に占める顧客層比率（もしくは顧客数）
顧客企業の業種分布
仕入高Ｘ%に占める仕入先比率（もしくは仕入先数）
仕入先企業の業種分布
取替設備の使用期間
顧客のリピート率
新製品から生じる収益の比率
製品製造時間
損益分岐到達に要する時間（開発費の回収に要する時間）

出　所：Robert K. Elliott, "The Third World Wave Breaks on the Shores of Accounting," *Accounting Horizons*, vol.6, no.2(1992),pp.61-85; and Robert K. Elliott and Peter D. Jacobson, "Costs and Benefits of Business Information Disclosure," *Accounting Horizons*, vol.8, no.4(1994),pp.80-96.

製品返品率
毎年の特許取得数
受注した業務管理契約数
提案に対する契約受注率
現在および将来の市場占有率
製品開発リードタイム

出　所：Jenkins Report, American Institute of Certified Public Accountants, *Improved Business Reporting — Customer Focus* (http://www.aicpa.org/members/div/acctstd/ibr/appiv.htm, February 21, 2000)（八田進二・橋本尚共訳『事業報告革命 – アメリカ公認会計士協会・ジェンキンズ報告書』、白桃書房、2002 年）.

は、たとえば、特別なキャッシュ・フロー指標を計算したいときには、損益計算書上の適当なデータ要素を加工することで簡単に計算できる。あるいは、投資家が、資産の償却期間の相違が損益に与える影響を知りたければ、表計算ソフト上の簡単な操作によってその答えを知ることができる。企業がデータにタグを振り、公表するという点で必然的な限界があるものの、XBRLを用いたそのような再編集の利用可能性は無限に広がっている。

XBRLによって、各国のGAAPやIFRSといった会計基準の多くが最終的には不必要になると予測する評論家もいる。しかし、投資家やアナリストは、XBRLフォーマットでのデータ加工を必要とすると同時に、会計基準に基づくフォーマットで提供される財務情報も必要とするはずである。少なくとも、情報利用者は、より広範に利用されているフォーマットと自分のオリジナル・フォーマットとを比較したいであろう。そのため、米国GAAPとIFRSという二大財務報告基準を即座に収斂させるという計画は時期尚早だと考えている。

XBRLプロジェクトが成功すると、バイサイド・アナリストへの報酬を削減できるだけでなく、独立系アナリスト業界への参入障壁も取り崩すことができる。XBRL導入による最大の被害者はおそらく、セルサイド・アナリストもしくは投資銀行で働くアナリストだろう。事実、XBRLによって、彼らの仕事の全容が明らかになり、セルサイド・アナリストの専売特許であったデータ加工の大部分を、第三者や投資家自身が手軽に行うことができるようになっている。

投資家はお金を払ってまで投資アドバイスを受けたがらないというのに、第三者アナリストの生き残る道があるのかといぶかしむ見解もあるだろう。バリュー・ラインのような独立系アナリストや多種多様な株式ニュース誌は別にして、独立系アナリスト業界は、そもそも消費者から見向きもされなかったため、競争などからはほど遠い世界であった。しかし、エンロン事件に加え、高名なセルサイド・アナリスト数名が推奨したハイテク通信セクターの株価の暴落によって、セルサイド・アナリストの評判が地に落ちた現在、状況は一変するかもしれない。

セルサイド・アナリストの報酬は、少なくとも最近まで証券引受業務の契約数と連動しており、そのため彼らのアドバイスにはバイアスがかかっていたことを投資家は身をもって知った(二二)。二〇〇二年に生じた様々な会計不祥事の結果、主要な投資銀行と業界団体である証券業協会はこの慣行を禁止する新たな方針を打ち出した。二〇〇二年秋、主要な投資銀行は、新たに監視団体を発足させ、特に、自らが作成した企業リサーチ・レポートに加えて、独立系アナリストによって作成された同様なレポートの顧客への提出を、投資銀行で働くアナリストに義務づけることを検討した（しかし、その効果のほどは疑問である）（一二）。また、SECとニューヨーク州検事局は、さらに踏み込んで、投資銀行のリサーチ活動を禁止しようとした（ニューヨーク州検事局は不正容疑による投資銀行所属のリサーチ・アナリストへの捜査を多数行っている。）。

投資銀行のセルサイド・リサーチ・アナリストによって引き起こされた問題が最終的にどのような解決をみるにせよ、彼らが将来的に評判を回復する保証はない。このため、独立系アナリストとの間で競争が生じ、その結果、独立系アナリストに仕事が回ってくる可能性がある。現在、投資銀行で勤務しているアナリストの半数が、退職し、自ら起業したとしても驚きに値しない。その結果、投資銀行は、規制当局ではなく、市場によってリサーチ活動を停止させられることになるだろう。重要なのは、いかなる第三者企業であれ、投資家に有用な情報を提供することであり（XBRLがそれに一役買うであろうが）、それができれば、生き残り、成功するだろう。しかし、できなければ市場から退場することになる。

このような動向と関連して、年金基金や投資信託といったバイサイドのアナリストの仕事が増える可能性がある。過去、証券分析に実際にかかったコストは、機関投資家が証券ブローカーないしはディーラーに支払う取引手数料に含められており、営業費用として処理する必要はなかった。投資信託が、倒産するその日までセルサイド・アナリストが絶賛したエンロン、ワールドコムその他の企業に投資し、多額の損失を被ったことを鑑みると、自ら分析を進めた方が費用対効果が高いことに投資家は気づいた方がよい。そして、その結果、ＸＢＲＬが普及することになるだろう。

一方、ＳＥＣ（あるいはそれに相当する機関）は、独立系アナリストの役割をより強化するためだけでなく、投資家自らが利用する新たな投資分析ツールを開発するためにも、ＸＢＲＬの利用の促進を先導すべきである。証券規制当局は、ＸＢＲＬコンソーシアムとその活動を非公式にでも承認すべきである。また、規制当局は、現在の電子媒体を利用した書類提出義務をＸＢＲＬの普及に援用することもできる。たとえば、ＳＥＣは現在、公開企業には、ＥＤＧＡＲシステムを利用した財務諸表提出を義務づけており、ＥＵにおいても同様なシステムの導入が検討されている。規制当局は、そのようなシステムを運用するにあたって、あらゆる電子書類提出においてＸＢＲＬの利用を将来的に義務化すればよいのである。オーストリアは、企業にＸＭＬ形式での書類提出を認めており、実際に前述のような方向へと進んでいる。米国連邦預金保険公社はさらに進歩的であり、全ての銀行に対して二〇〇三年末を期限としてＸＢＲＬによる財務諸表の提出開始を義務づけている。オーストラリアの規制当局もまた、あらゆる金融サービス企業を対象に二〇〇二年末を期限として同様な義務を課している。財政当局が納税申告書の提出にＸＢＲＬを採用すれば、XBRLの普及に大きな拍車がかかるであろう。

最後に、なぜ、規制当局が本章で取り上げた改革を推進し、実験的な認可をする必要があるのか検討してみよう。データ要素をXBRLフォーマットで入力することによるディスクロージャーの迅速化が投資家に資するならば、投資家からの要求によって、そのようなディスクロージャーを実現させるべきであるという意見もあるだろう。

規制当局が関与すべきとする理由の一つとして、前述のような改革によって投資家が享受する恩恵が「公共財」の性格をもつことがあげられよう。つまり、その恩恵を受けるのは、特定の投資家のみではなく、市場全体なのである。したがって、より迅速で、利用者指向のディスクロージャーは、コスト・ベネフィットでみあえば、私有財としてよりも社会財として価値をもつ。資本市場全体の利益となるディスクロージャー改革を推進するためには、投資家からの要望だけでは力不足であるため、国防あるいは整備された警察組織のように、市場外の第三者からの助力が必要なのである。

より優れたディスクロージャーの公共財としての価値が企業の情報開示コストを上回るかどうか、また、上回っていた場合、ディスクロージャーを強制することによる社会的便益とコストとの差はプラスかマイナスかといった点に関して有識者の見解は分かれるであろう。本書が提案した改革に規制当局が関与する前段階として、まず、コスト面の詳細な調査を行う必要があるだろう。また、硬直的な政策では、改革序盤でつまずくことになり、以降の発展的な変革を阻害しかねない。そのため、規制当局は市場主導による改革の推進とその援助に力を入れ、強制的な改革の実施はさしあたり留保しておくことを提案しているのである。

総　括

将来、エンロンやワールドコムの二の舞を生じさせないためにも、企業情報開示にかかわる問題を解決しなくてはならない。現在の財務報告制度は、投資家の要望に添った情報、とりわけ多くの企業にとって重要な富の源泉となっている無形資産に関する情報を十分に開示できない会計フレームワークを採用している。

だからといって、監査済の財務諸表によって投資家に提供される便益を低下させるような解決策をとることもできない。監査済の財務諸表では、投資家が意思決定に必要とする情報の一部しか提供できないが、信頼性の高い情報を提供することができれば、それはそれで高い価値を有することになる。株主から委託された財産に対する経営者のスチュワードシップの結果報告として、財務諸表は株主や潜在的投資家から信頼されなくてはならない。経営者の失敗を隠ぺいするために操作されていたり、株主その他財務諸表利用者の判断を誤らせることのないよう、貸借対照表と損益計算書は、規則に従って、一定時点の財政状態や期間変動を報告すべきである。

より最新かつ完全で、そしておそらくより重要な情報を必要とする投資家を満足させるためにはどうすればよいのであろうか。従来は入手不可能であったり、利用困難であったり、あるいは分析不可能であった情報も含め、情報のよりいっそう迅速かつ完全なディスクロージャーが、技術革新によって可能となっている。

資本市場を支える情報システムの改善に携わる規制当局の次なる課題は、この新たな発展を社会システムとして順応させ、定着させる方法を発見することである。為政者が常に、新たな発展を先取り、今後の展開を予測して対策を講じているとは限らない。また、その一方で、為政者は、将来性ある変革を抑制するべきでもない。そのため、本書では、規制当局、とりわけ証券規制当局と司法当局は、すでに始まっている発展を推し進めるべきであると提言してきた。具体的には、投資家による将来キャッシュ・フロー予測において、従来の利益数値と同等かそれ以上に有用となる非財務指標の開発促進、インターネットを利用した四半期以上の頻度での中間財務報告の促進、企業、投資家、およびアナリストへのＸＢＲＬ普及を目的とした、公開企業によるＸＢＲＬフォーマットでの財務諸表、目論見書およびその他関連情報の提出の促進ないし可能な場合は義務化などである。こういった活動が一体となって、現在、投資家が直面している不確実性の将来的な削減を可能にする。そして、このプロセスを通じて、全ての企業が負う資本コストが減少し、資本市場の効率性は高まるであろう。

付録　米国ＧＡＡＰとＩＦＲＳの主要な相違点とその問題点

第三章において、会計基準相互を、とりわけＦＡＳＢの作成する米国ＧＡＡＰとＩＡＳＢの作成するＩＦＲＳとを競争させる利点について触れた。ＩＡＳＢは、世界共通の会計基準設定を目的として一九七三年に組織された国際会計基準委員会を前身としている。

二〇〇〇年、証券監督者国際機構は、複数の国の証券市場に上場している証券発行体に対して、ＩＦＲＳの利用を推奨し、これが会計基準の国際的な統一化への大きな第一歩となった。また、最近では、欧州連合（ＥＵ）が、域内で上場している企業に対して、二〇〇五年までにＩＦＲＳを採用することを義務づけた。オーストラリアとロシアも自国内の上場企業に二〇〇五年までにＩＦＲＳを採用するよう提案している。ＩＡＳＢは、二〇〇一年の大規模な組織改編を受け、現在、各国の会計基準とＩＦＲＳとの収斂に向けた積極的な活動を展開している。その結果、ＦＡＳＢを始めとした主要各国の会計基準設定機関との間にリエゾン委員会が設置された。

この付録では、米国ＧＡＡＰとＩＦＲＳとの主要な相違点を概観する。両会計基準の詳細な相違点を網羅することはできないが(二)、現時点での根本的な相違点を紹介しておく。くわえて、収斂の達成のために必要となる会計基準の変更点についても付記しておく。なお、以下にあげる相違点のうちいくつかについては、企業が特定の会計処理方法を選択した場合に発生する可能性があるというにすぎず、必然的に生じるものではない。

基準設定思考上の相違

ＩＦＲＳと米国ＧＡＡＰ（およびその他の国々のＧＡＡＰ）とでは、基準設定思考が大きく相違する。ＩＦＲＳは原則主義、米国ＧＡＡＰは規則主義に基づいて作成されている。この相違は、一見、単純な相違のようだが、米国ＧＡＡＰはＩＦＲＳよりも多くの詳細な規則やガイドラインを有するという相違点を生み出しており、この相違点こそが問題なのである。また、米国ＧＡＡＰは、細則があるため、個人による判断介入の余地が少ないとされているが、一方で、それら細則が異なる時点や異なる機関によって作成されている場合があり、このため、基準相互の論理一貫性が損なわれている場合もある。

規則主義とは対照的に、原則主義による基準においては、大まかなガイドラインはあるものの、特定のケースを想定したガイドラインは用意されていない(二)。原則を適用する際は、細則が用意されていないため、規則主義以上に専門的な判断が必要となり、主観的判断の介入余地が残されてしまう(三)。米国のように訴訟の多い環境では、規則主義ではなく原則主義を採用した場合、企業およびその監査人が負う訴訟リスクが高くなる。

米国ＧＡＡＰは、特別な取引のためのガイドライン等だけでなく、金融機関、保険会社、事業育成・投資会社、鉱物資源探査、映画産業など多くの特定産業向けの特殊な細則やガイドラインを合わせもつため、ＩＦＲＳよりもボリュームがある。ＩＦＲＳには、金融機関のディスクロージャーを例外として、特定産業向けの基準は存在しない。ただし、現在、ＩＡＳＢは、保険契約に関する基準の設定に取りかかっている。

リース会計

規則主義による会計基準に対する主な批判の一つとして、厳格な規準の適用を回避するために特殊な取引を擬制するなど、規則本来の目的を逸脱するインセンティブを企業に与えてしまうことが指摘されている。その典型例がリース会計である。ＩＦＲＳ、米国ＧＡＡＰともに、類似した会計慣行に従い、リース取引を所有権移転という法的形式ではなく経済的実質に基づき、キャピタル・リースとオペレーティング・リースに分類している(四)。リース物件は、キャピタル・リースでは借り手の財務諸表において、オペレーティング・リースでは貸し手の財務諸表において、それぞれ資産として認識される。

米国GAAPでは、細かい「明示的な」ガイドラインが設けられており、たとえば、キャピタル・リースの規準の一つとして、リース契約期間がリース資産の見積経済的耐用年数の七五％以上にわたり、かつ、リース開始日がリース物件の総経済的耐用年数の最終の二五％に相当する期間以前である場合に、リース資産の所有によるリスクと便益が借り手に移転するとみなすという規準がある。この規準もしくは他の三つの規準に合致した場合、借り手は、リース物件をリース資産として、同額の負債とともに計上しなくてはならない。その結果、リース取引をオペレーティング・リースとして処理するために取引自体を調整する傾向が米国企業にみられる。すなわち、リース物件を貸借対照表に資産計上せず、損益計算書を通じて支払リース料として処理する方法がとられる傾向にある。

一方、目的適合性を重視するIFRSでは、リース取引によって資産の所有権に付帯する実質的に全てのリスクと便益が借り手に移転しているかどうか、という観点から判断がなされ、移転したとみなされた場合にリース物件が資産として認識されることになる。それゆえIFRSでは、経営者の裁量（そして監査人の判断）に基づき、リース取引の的確な分類がなされることになる。

連結会計

エンロン事件は、原則主義と規則主義との相違がどのような問題を生じさせるのかを例示した。第二章でも論じたが、エンロンは、SPEの貸借対照表を出資者の連結対象とみなす米国GAAPの数値規準（外部投資家による拠出がSPE資産の三%以下の場合）を回避しつつ、SPEを多数設立していた。そのため、エンロンは自身の貸借対照表にSPEの負債を計上せずにすんだ。FASBはSPEを連結対象とするための数値規準の変更（資産の一〇%以下）を検討したものの、結局、変更しなかった。

目的適合性および汎用性をもつIFRSの会計原則では、SPEが実質的支配下にあるかどうかを基礎として判断が下されるため、エンロンがSPEを連結対象から外すことは困難であっただろう。連結対象とするか否かは、SPEにかかわるリスクの大部分を当該企業が負うかどうかを規準として決定される。企業経営者とその監査人による判断が必要とされるということは、彼らは、IFRSによって、自社の財政状態、場合によっては関係会社の財政状態に関する情報提供や意見表明に際してリスクを負わされることを意味する。エンロンのケースでこの方法がとられていれば、企業やその監査人による多くのSPEの連結外しを防げたであろう。

営業権および無形資産

米国GAAPとIFRSとには、連結の範囲以外に、企業結合によって生じた営業権の会計処理方法において大きな違いがみられる。FASBは、二〇〇一年に営業権の会計処理方法を大幅に変更している。現在、営業権は非償却資産とみなされ、計画的な償却処理はなされていないが、減損テストが最低でも年一回実施されている。IFRSは、一般に二十年を最長とする、営業権の償却処理を要請している。その一方で、IASBは、本書の執筆段階において、営業権に減損処理のみを認める会計基準の採用を検討している。IFRSを利用している企業は、この変更によって一株あたり利益が原則的に押し上げられるため、かつて米国企業がそうであったように、その採用を強く支持している。もちろん、経済情勢が悪化し、営業権の価値に減損の兆候が認められた場合は、一株あたり利益が下落することもある。

買い入れた無形資産の会計処理に関しても、両会計基準間に同様な相違がある。当該資産の耐用年数を決定できない場合、米国ＧＡＡＰでは減損処理のみの適用が認められているが、ＩＦＲＳでは現在そのような方法は認められていない。近い将来、無形資産に関する国際的な処理方法は、米国ＧＡＡＰと同様なものへと移行することになろう。

合併およびジョイント・ベンチャー

米国ＧＡＡＰとＩＦＲＳとには、合併会計についても多少の相違がある。ＩＦＲＳは、現在、対等合併のような特殊なケースにおいて持分プーリング法の適用を義務づけている。持分プーリング法では、資産および負債はそのまま引き継がれ、買収金額が簿価を超過した差額分については資本の減少として処理するため、公正価値評価は行われず、営業権の計上もなされない。ＦＡＳＢは、最近、米国ＧＡＡＰにおける持分プーリング法の採用を取りやめ、現在では、あらゆる企業結合においてパーチェス法を適用することを義務づけている。被買収企業の資産および負債を市場価値ないしは公正価値によって再評価し、再評価された資産と負債の差額部分である純資産額を買収金額が超過した差額分を営業権として計上する。ＩＡＳＢも将来的にはパーチェス法を採用するとみられている。

二社以上の企業によって支配されているジョイント・ベンチャーに対して、米国

GAAPでは、「持分法」を適用する。持分法では、取得原価に投資事業による当期純損益を持株比率に応じて加減し、さらに受取配当金を減じた金額を、事業への投資として貸借対照表に資産計上する。IFRSは、比例連結法を選択し、ジョイント・ベンチャーの資産の一部を貸借対照表に計上することも認めている。米国GAAPもまた、比例連結法を認めているが、石油・ガス事業のように慣行として定着している場合に限定している。

研究開発費

研究開発費についても米国GAAPとIFRSの間に相違がみられる。IFRSでは、研究費は費用処理するが、開発費は特定の条件を満たした場合には資産として認識することを求めている。米国GAAPでは、自社で生じたあらゆる研究開発費は発生時に費用計上されることになっている。しかし、米国GAAPでは、ソフトウェアの技術的な実行可能性が実証された場合（IFRSはこの条件を資産計上のための主要な規準としている）、それ以降に発生したコンピュータ・ソフトウェアの開発費は資産として計上される。

公正価値会計

第二章および第三章において、米国GAAPとIFRSが公正価値会計の導入を計画していることを批判した。両基準のうちIFRSは米国GAAP以上に公正価値による測定を認め、公正価値会計の導入を急速に進めている。IFRSにおいて、(投資目的ではない)営業用資産の再評価差額は、損益計算書に計上されず、資本に直入される。この処理方法がとられることによって、経営者が公正価値を利用して資産を過大評価するインセンティブを減じている。

特に、IFRSでは、有形固定資産および(かなり限定された条件のもと)無形固定資産が公正価値によって再評価される。再評価は厳密な規則に従って行われなくてはならない。再評価差額は、処分利益としてリサイクルされず、資本として直接計上され、損益計算書には計上されない。そのため、貸借対照表の資産および負債の表示に影響を与えるが、純利益には関係しない。再評価は、英国で一般的に行われており、また、EU諸国の多くが採用している。

米国GAAPは、対照的に、資産再評価は認めておらず、有形固定資産および無形固定資産は歴史的原価によって評価することが義務づけられている。しかし、投資目的の金融資産および事業育成会社については、市場価値が不明な場合であっても、公正価値で再評価しなくてはならない。米国企業は、子会社との間で、自己所有の非金融資産を子会社株式と交換し、(金融資産である)その株式を子会社である投資会社と交換して、当該株式を公正価値で再評価する。そして、当該子会社を連結対象として連結財務諸表を作成する際に、当該非金融資産は公正価値で再評価され、評価差額は、投資会社の営業活動からの利益として報告される(五)。

公正価値による測定は、賃貸料収入や売買を目的とする投資不動産とも関連する。IFRSでは、投資不動産は、通常、公正価値で測定され、その評価差額は損益として処理することができる。一方、米国GAAPでは、投資不動産の会計処理に関する特定の規則は存在せず、公正価値による測定を明確に禁ずる一般原則があるのみである。

金融商品

デリバティブやヘッジ会計も含めた金融商品の測定の会計基準について、IFRSと米国GAAPとの間には、現在、さほど大きな相違はない。満期保有目的の金融資産は取得原価で計上され、売買目的の金融商品およびデリバティブは公正価値で計上され、その評価差額は損益計算に含められる。売却可能な金融資産は、米国ＧＡＡＰでは、市場価値で評価され、評価損益は資本（その他の包括利益）として直接計上される。一方ＩＦＲＳでは、評価差額を損益計算に含めることも、資本として処理することも認められている。両基準とも、投資目的の負債を除き、金融負債を支出額で測定する。

ＩＡＳＢは、最近、売買目的の金融商品に関連する金融資産および負債を完全に公正価値で評価することを提唱する公開草案を公表した(六)。その提案は、負債も含めたあらゆる金融商品の公正価値での測定を二〇〇〇年末に提案した、国際的な金融商品に関するジョイント・ワーキング・グループによる草案と同様な方針をとっている。しかし、第二章および第三章で理由を指摘したように、ＩＡＳＢによる公正価値の今以上の導入は、悪用される可能性がかなり高い。

引当金および偶発事象

引当金および偶発事象に関して、ＩＦＲＳと米国ＧＡＡＰには、金融商品のようなはっきりした相違点はみられない。ＩＦＲＳでは、少しでも発生可能性がある場合には、支払い時点ないしは金額が不確定でも現在の債務が認識される。その場合の金額は、基本的に、統計学における期待価値概念を利用して算出され、そして、現在価値に割り引かれる。米国GAAPでは、偶発損失の発生可能性が五〇％以上の場合に認識することが義務づけられ、現在価値に割り引くことは認められていない。米国GAAPは、IFRSと比べて、引当金や偶発事象の計上を認めていないことを踏まえると、判断の介入余地がかなりあるといえる。

ストック・オプション

米国の従業員に対するストック・オプションの会計基準は、権利付与時にその金額を損益計算書に計上することが認められていないため、問題がある。現在、IFRSでは、株式による報酬制度に関する特定の会計基準は設けられていない。IFRS適用企業は、最適と考える方法を選択することも、米国GAAPにおいて認められている会計規則を適用することもできる。しかし、二〇〇二年後半、IASBは、権利付与時にストック・オプションを費用計上することを義務づける包括的な基準を提案した。

表示形式

財務諸表の表示形式に関して、ＩＦＲＳと米国ＧＡＡＰとには非常に大きな相違がみられる。たとえば、米国ＧＡＡＰ（そしてまたＳＥＣの規則）のもとでは、貸借対照表項目には流動性配列法がとられている。ＩＦＲＳのもとで貸借対照表項目は、大きく流動項目と非流動項目とに二区分されている。米国ＧＡＡＰとＳＥＣの規則では、損益計算書は、売上高から売上原価を控除して売上総利益を算出し、そしてそこから（販売費や一般管理費のような）その他の費用を控除する「売上原価」法によって表示される。ＩＦＲＳは、材料費、労務費、減価償却費、その他をもとに当期製造費用を算定し、これを売上高および棚卸資産変動額から控除する「総原価」法の選択適用も認めている。特別項目の定義と廃止事業の表示方法も両基準間では異なっている。二〇〇二年五月に公表された公開草案で、ＩＡＳＢは、損益計算書に特別項目を区分表示することを完全に取りやめることを提案している。また、キャッシュ・フロー計算書においても、利息、配当金、および所得税の分類方法の相違から両基準間では表示形式が異なっている。

セグメント報告

企業の事業活動別（ないしはセグメント）報告についてもＩＦＲＳと米国ＧＡＡＰとでは、基本的な作成方法および開示項目に関して相違がみられる。ＩＦＲＳは、以前の米国ＧＡＡＰと類似するリスク便益アプローチを採用し、事業および地域別にセグメント表示をしている。これに対して、米国ＧＡＡＰはマネジメント・アプローチを採用し、企業の内部報告システムにおいて利用されている形式および内容をそのままセグメント報告書作成の基礎としている。ＩＦＲＳの方法では、企業間でのセグメント比較がより実行可能となるのに対して、米国ＧＡＡＰでは経営者の経営管理方法を理解するのに役立つ。

強制力

最後になるが、本書で論じたように、会計基準とはまさにその社会ごとに利用が義務づけられたインフラストラクチャーである。それゆえ、文字通りの基準間比較では、それら基準の企業社会における実際の利用方法を完全に把握することはできない。（ＦＡＳＢと同様に）ＩＡＳＢは、公表した会計基準の義務づけを自らの仕事とみなしておらず、各国機関ないしは超国家組織のなすべき仕事と考えている。

注

第一章

一. "Badly in Need of Repair," *The Economist*, May 4, 2002, pp.66-68.

二. 株価の下落は実体経済にマイナスの影響を与えたであろう。そのような推計については以下の文献を参照のこと。Carol Graham, Robert E. Litan, and Sandip Sukhtankar, "The Bigger They Are, The Harder They Fall: An Estimate of the Costs of the Crisis in Corporate Governance," *Brookings Policy Brief* (August 2000).

三. "Rebuilding Trust - Before It's Too Late," *Business Week*, June 24, 2002, p.164.

四. 二〇〇二年サーベンス・オクスリー法によってＦＡＳＢはＳＥＣの監督のもと、会計基準および監査基準を設定する権限を得た。あらゆる公開企業と会計事務所はそれらの基準に従わなければならない。また、同法は、公開企業が外部監査人として利用すべき登録済の会計事務所の監督責任を負う公開会社監視委員会の設置を規定している。

五. E.S. Browning, "Where Is The Love? It Isn't Oozing From Stocks," *Wall Street Journal*,

December 24, 2001, p.C1.

六. "FASB Finally Comes Up with SPE Rules," *Treasury & Risk Management*, vol.12, no.7(August 2002), p.9.

七. 第三章で論じているように、この競争による成果は、（上場企業がどちらの会計基準を利用するか選択できる規則を設定することで）直接的にも（証券取引所が制限なしに他国と競争できるディスクロージャー・システムを有することを認めることで）間接的にも達成することができる。

八. しかし、現在、二〇〇二年サーベンス・オクスリー法において要求されているように、監査担当者の定期的交代の義務化を進めることには賛同できる。

第二章

一. William Z. Ripley, *Main Street and Wall Street* (Boston: Little, Brown and Co., 1927).

二. 第三章で論じるように、二〇〇二年夏に議会と証券取引所は、財務諸表の操作が可能な経営者に、外部監査人の任免権がないことを確認した。

三. ＡＩＣＰＡの会計基準執行委員会による立場表明書（ＳＯＰ）と産業別監査指針を

四．FASBが受け入れることで、AICPAはこれらの設定を通じてGAAP設定において重要な役割を果たしたことになる。しかしながら、AICPAは将来FASBが単独でGAAPを設定することを公表している。

五．金融資産にかかわる公正価値会計は例外であり、これについては後で論じる。

六．現在、損益計算書に費用として計上されていないストック・オプションがよい例である。この点については後で検討する。

七．清算の可能性がある企業の場合、通常、資産価値は取引コストによって取得価格以下にまで減額される。

八．経営者は事業活動からの収益や売上から生じた利益と、資産・負債の再評価益とは区別しなければならない。この区別が重要なのは、財務諸表利用者（一部に投資家も含む）が、過去の業績に基づいて、継続的な事業活動からの収益と利益を反映させながら将来の業績予測を行うためである。

九．エンロンが破産の申請をした時点では、資産は六百三十億ドルであった。またワールドコムは千七十億ドルだった。これら二社の破綻まで、最大規模の企業破綻は、一九八七年のテキサコの破産申請で、資産規模は三百六十億ドルであった。

一連の修正報告の結果、一九九七年度の利益は二千八万百万ドル（修正前の一億五百万ドルの二七％）、一九九八年度は一億三千三百万ドル（修正前の七億三百万ドルの一九％）、一九九九年度は二億四千八百万ドル（修正前の八億九千三百万ドルの二八％）、二〇〇〇年度は九千九百万ドル（修正前の九億七千九百万ドルの一〇％）となった。

一〇．"Report of Investigation by the Special Investigative Committee of the Board of Directors of Enron Corp.," William Co. Powers, chair, Raymond S. Troubh, and Herbert S. Winokur Jr. (Houston, February 1, 2002). 本書の分析は、この「パワーズ・レポート」、記者発表および次の文献に依拠している。George J. Benston and Al L. Hartgraves, "Enron: What Happened and What We Can Learn from It," *Journal of Accounting and Public Policy*, vol. 21, no. 2 (2002), pp. 105-27.

一一．ＳＰＥは、法的にはパートナーシップ、株式会社、信託、ジョイント・ベンチャーといった形態をとることが考えられる。

一二．ＳＰＥとその他の投資の連結に関する会計規則についての詳細は次の論文を参照のこと。Benston and Hartgraves, "The Evolving Accounting Standards for Special Purpose Entities (SPEs) and Consolidations," *Accounting Horizons*, vol. 16, no. 3 (2002), pp. 245-58.

一三．概要は注一二．のベンストンとハートグレイブスの論文で確認できる。より詳細な記述については「パワーズ・レポート」を参照のこと。

一四．この規則は、ＦＡＳＢ基準書第五号「偶発事象の会計処理」において規定されている。

一五．ＦＡＳＢでは基準書第五七号、ＳＥＣでは規則Ｓ－Ｘ第四〇四条に規定されている。

一六．Charles W. Mulford and Eugene E. Comiskey, *The Financial Numbers Game: Detecting Creative Accounting Practices* (John Wiley & Sons, 2002)（喜久田悠実（訳）『投資家のための粉飾決算入門』パンローリング、二〇〇四年。）．

一七．収益の不正計上にかかわる諸問題については、次の文献でも取り上げられている。Thomas Weirich, "Analysis of SEC Accounting and Auditing Enforcement Releases," *The Panel on Audit Effectiveness Report and Recommendations*, prepared for the Public Oversight Board (Washington, 2000), Appendix F, pp. 223-28. この資料では、一九九七年七月から一九九九年十二月の間にＳＥＣ登録企業の監査人に対する調査結果を公表した、会計と監査に関する執行措置通牒（ＡＡＥＲ）をもとにしている。五大監査法人とその顧客に対して発行された九十六通のＡＡＥＲのうち、六八％は収益と受取債権の不正計上であった。

一八．Mark S. Beasley, Joseph V. Carcello, and Dana R. Hermanson, *Fraudulent Financial Reporting: 1987-1997: An Analysis of Public Companies* (Jersey City, N.J.: American

Institute of Certified Public Accountants, 1999). この調査は、トレッドウェイ委員会のスポンサー組織によって委託されたものであった。データベースに収録されているのは会計・監査にかかわる問題の一部分にすぎないので、AAERがSECによる強制措置の全てではないとも考えられよう。

一九. 五〇％は資産の過大計上で、一八％は費用と負債の過少計上、一二％は資産の流用と重複している。

二〇. Financial Executives International, "Quantitative Measures of the Quality of Financial Reporting" (Morristown, N.J.: FEI Research Foundation, 2001). プレゼンテーションファイルは、以下のURLから入手可能である。http://www.fei.org

二一. 修正報告後に「株価が入手できなくなった」時価総額五億ドル以下のグループのサンプルを加えると、「小」企業は一九七七年から九四年は八九％であり、一九九五年から二〇〇〇年は七九％である。

二二. Zoe-Vonna Palmrose and Susan Scholz, "The Circumstances and Legal Consequences of Non-GAAP Reporting: Evidence from Restatements," Contemporary Accounting Research Conference, held in Ontario, Nov. 2-3, 2002, and sponsored by CGA-Canada Research Foundation and the Canadian Institute of Chartered Accountants.

二三. 二〇〇二年における企業情報開示の危機に関するコスト分析の一例としては、次を参照のこと。Carol Graham, Robert Litan, and Sandip Sukhtankar, "Cooking the Books: The Cost to the Economy," *Brookings Policy Brief* 106, July 2002.

二四. 一九九〇年から九七年の間にＳＥＣの制裁措置によって修正報告をしたのが一六％であったのに対し、一九九八年から二〇〇〇年については二四％であった。この間のＳＥＣの措置の詳細については、アーサー・レビット自身による以下文献を参照するのがよいだろう。Arthur Levitt with Paula Dwyer, *Take on the Street: What Wall Street and Corporate America Don't Want You to Know. What You Can Do to Fight Back* (Pantheon Books, 2002).

二五. 上級管理職の報酬にオプションを用いるケースが増加した理由の少なくとも一つは、「業績連動型」でない限り、百万ドル以上の現金報酬に対する控除を制限した一九九三年税法の影響があるだろう。

二六. 本書と同じ意味合いで投機を理論的に分析したものとして次の論文がある。Lucian Bebchuk, Jesse Fried, and David Walker, "Managerial Power and Rent Extraction in the Design of Executive Compensation," *University of Chicago Law Review*, vol. 69, no. 3 (Summer 2002), pp. 751-846.

二七．報酬過払いや、特にストック・オプションの誤用に対する、おそらく最も辛らつな批判は、全米産業審議会に参加する大手企業による「公的信頼と私企業」と題する報告書であろう（二〇〇二年九月十七日、http://www. conference-board.org/knowledge/govern Commission.cfm）。

二八．現行のＧＡＡＰは、被譲渡者によって決定される権利行使時点においてストック・オプションを費用計上することを認めている。しかしながら、米国所得税法上は、実際に権利行使された時の支出額を損金とすることを要請している。

二九．Fischer Black and Myron Scholes, "The Pricing of Options and Corporate Liabilities," *Journal of Political Economy*, vol. 81, no. 3 (1973), pp. 637-54. この論文の著者は、ロバート・マートンとともに、ストック・オプションの評価モデルを開発したことが主たる功績と認められ、一九九七年にノーベル経済学賞を受賞した。

三〇．とりわけ、ブラック＝ショールズ・モデルでは、過去の株価変動は将来予測に有用であると仮定していること、そして選択された金利がオプションの行使期間にわたって一定であると仮定している。

三一．"Special Report: The Angry Market," *Business Week*, July 29, 2002, p. 45. メリルリンチ証券の調査では、ストック・オプションの費用計上によって利益が負の影響を受ける範囲は、エネルギー業界の二％から、ＩＴ業界の三九％までと試算している。詳しくは次の文献を参照のこと。Lina Saigol, "Investment Banks Feel The Growing Pressure to Treat Stock Options as Expense," *Financial Times*, August 8, 2002, p. 17.

三二. ジョン・Ｃ・マッケイン上院議員が二〇〇二年に提出した法案（議会で否決）におけるストック・オプションの費用計上という内容それ自体には賛同する。しかし、議会が会計基準設定にかかわるべきではないという立場から、本書はこの法案成立に反対した議員に味方したい。同様に、ＦＡＳＢが検討している問題に関する議会委任、つまり、後に上院で可決され、サーベンス・オクスリー法の最終版に収められたカール・レヴィン上院議員の法案の内容に反対している訳でもない。

三三. John M. Foster and Wayne S. Upton, "Understanding the Issues: Measuring Fair Value," vol. 3 (FASB, June 2001), p. 4.

三四. AICPA, *Investment Company Guide* (section 1.32).

三五. ＦＡＳＢ基準書第一一五号。

三六. 二〇〇三年五月以降に始まる会計年度において適用されるならば、「投資会社および投資会社への投資に持分法が適用される投資家に対する監査と会計指針の焦点の明確化」と題するＡＩＣＰＡ会計基準執行委員会の立場表明によって、本書で記述した手続は禁止されているだろう。この立場表明は、登録企業である投資会社や、二〇％を超える財務的利害を有する者がいないような法的・実体的に分離している投資会社に対して、公正価値会計の適用を制限するものである。二〇〇二年十二月七日に、「公開草案」がＦＡＳＢによって公表され、最終的に採用されることになれば、ＧＡＡＰの一部となる。

三七．草稿段階で本書に目を通してもらった一人から、「公正価値以外に測定属性をもたないような金融商品」はどのように計上するつもりかと質問を受けた。この質問に対しては次のように回答する。第一に、保守主義の原則と市場性のない有価証券一般の会計処理とに従って、取引相場からの価格が得られない金融商品の保有利得は、利益として報告すべきではない。第二に、金融商品の評価損の見積もりは、一般的な損失の見積もりと同じように報告されるべきである。取引相場のない金融商品をなぜその他の資産や負債とは異なる処理をすべきなのか筆者には理解できない。事実、（多くの企業にとって一般的であるように）金融商品をヘッジ目的で利用した場合、利得と損失が相殺されるので、測定にあたって問題は生じない。

三八．コーフィー教授は二つのケースを取り上げて検討している。一つは、連邦法制定のきっかけとなった一九九一年の判決(Lampf, Pleva, Lipkind & Petigrow v. Gilbertson, 501 U.S. 350, 359-61) である。この判決は、違法行為のあった後三年以上経過していたとしても、原告が違法行為を知ったであろう時点から一年以内であれば告訴できるとする連邦法の成立につながった。なお、これまでの州法では、違法行為後五年から六年間は告訴できるというものであった。もう一つは、証券詐欺事件における、私的「幇助」の責任を排除した一九九四年の判決（Central Bank of Denver, N.A. v. First Interstate of Denver, N.A., 511 U.S. 164）である。

三九．John P. Coffee Jr., “Understanding Enron: ‘It’s about the Gatekeepers, Stupid,’” Draft paper, Columbia Law School, 2002, p. 13. また、コーフィー教授は、二〇〇二年十月十七〜十八日にフィラデルフィアで開催されたウォートン・インパクト・カンファレンス「ビジネスのための米国の新ルール――不祥事後の政策と政府の方向性」において、「何がエンロン問題を引き起こしたのか――一九九〇年代における法律・経済の概要」と題して同様の報告を行っている。

四〇．この法律では、被告が周知の上で証券取引法に違反したことを陪審員が発見できた場合に限って、連帯責任および個別責任を適用する。

四一．Dan Carney, “Don’t Toss This Stock-Fraud Law. Just Fix It,” *Business Week*, August 5, 2002, p. 86.

四二．David S. Hilzenrath, “SEC Seeks Reform of Auditor Controls; Battered Enron Fires

Accounting Firm," *Washington Post*, January 18, 2002, p. A1.

四三．同様に、ＡＩＣＰＡに相当するドイツ公認会計士協会（ＷＰＫ）は、重大なケースを検察当局に付託し、ルールを守れない会計士に対する懲戒手続をとっている。しかしながら、これまで懲戒手続をとったケースは、（処分に従った）警告や少額の罰金といった非常に軽い罰に終わっている。

四四．Hilzenrath, "SEC Seeks Reform of Auditor Controls." また次も参照のこと。David S. Hilzenrath, "Pitt Seeks Closer Watch on Auditors," *Washington Post*, December 12, 2001, p. E1.

四五．二〇〇二年サーベンス・オクスリー法（セクション一〇一）。

四六．ＦＡＳＢの活動（もしくは怠惰）の展開は本章の注一二．の資料において明らかにされている。

四七．Mike McNamee, "FASB: Rewriting the Book on Bookkeeping," *Business Week*, May 20, 2002, pp. 123-24. 同様の指摘をしている次もあわせて参照のこと。Dennis Beresford, "It's Time to Simplify Accounting Standards," *Journal of Accountancy* (March 1999), pp. 65-67.

四八．政治が会計基準設定プロセスに影響を与えているのは米国だけではない。オーストラリアでも同じことが起こっている。詳しくは次の論文を参照せよ。Stephen A. Zeff,

" 'Political' Lobbying on Proposed Standards: A Challenge to the IASB," *Accounting Horizons*, vol. 16 (March 2002), pp. 43-54.

四九. 当然のことだが、大口の機関投資家がもっと組織化すれば、会計基準設定に対する偏った政治的影響に対する懸念は軽減されよう。しかし、そうなるまでは、本書での指摘は妥当なものであり続けるであろう。

第三章

一. New York Stock Exchange Corporate Accountability and Listing Standards Committee, "NYSE Proposals," June 6, 2002. NASDAQ, "Proposed Rule Changes – Corporate Governance Proposals," November 20, 2002. なお、以下のサイトも利用可能である。
http://www.nasdaq.com/about/proposedrulechanges.stm

二. 粉飾決算がいっそう多くなっていることを示唆している詳細なレビューについては、以下の文献を参照のこと。Louis Lavelle, "The Best & Worst Boards: How the Corporate Scandals are Sparking a Revolution in Governance," *Business Week*, October 7, 2002, pp. 104-14.

三．この考えの最も卓越した支持者は、二人の前ＳＥＣ主任会計士のリン・ターナーとロバート・ヘルドマンである。

四．さらに、サーベンス・オクスリー法は、規則主義会計基準と原則主義会計基準の研究を会計検査院に要求している。

五．たとえば、以下のデニス・ベレスフォードの二〇〇二年二月二六日の第一〇七回連邦議会の上院銀行委員会での証言を参照のこと。"Accounting and Investor Protection Issues Raised by Enron and Other Public Companies."

六．*McKinsey Global Investor Opinion Survey on Corporate Governance*, July 2002 (http://www.mckinsey.com/governance).

七．"The Hunt for Liquidity," *The Economist*, July 28, 2001, p. 65.

八．William L. Griever, Gary A. Lee, and Francis E. Warnock, "The U.S. System for Measuring Cross-Border Investment in Securities: A Primer with a Discussion of Recent Developments," *Federal Reserve Bulletin*, October 2001, pp. 633-40.

九．預託証券とは、典型的には（米国またはヨーロッパの）地方銀行に預託されている外国企業の株式によって裏づけされた譲渡可能預かり証書である。

一〇．Stijn Claessens, Daniela Klingbiel, and Sergio L. Schmukler, "The Future of Stock

Markets in Emerging Markets: Evolution and Prospects," *Brookings-Wharton Papers on Financial Services* (forthcoming).

一一. ポートフォリオとしての資本の国境をこえたフローの急激な増加に加え、他人資本（債券と銀行ローン）と同様に、より永久的な持分（外国への直接投資）のフローは、商品やサービスの成長よりも早く（国内総生産の成長よりも早く）ここ数十年の間に急激に増加した。このデータの一つの説明に関しては、以下の文献を参照のこと。Ralph C. Bryant, *Turbulent Waters: Cross-Border Finance and International Governance* (Brookings, forthcoming). さらには以下の文献も参照のこと。Benn Steil, *Why Integrate The Transatlantic Secondary Markets?* (New York: Council on Foreign Relations, forthcoming).

一二. Linda Tesar and Ingrid Werner, "The Internationalization of Securities Markets since the 1987 Crash," *Brookings-Wharton Papers on Financial Services* (1998), pp. 281-349. 母国バイアスに関する文献の卓越した要約に関しては、以下の文献を参照のこと。Karen K. Lewis, "Trying to Explain Home BIFRS in Equities and Consumption," *Journal of Economic Literature*, vol. 37 (1999), pp. 571-608.

一三. もちろん、すでにエンロン事件における主な失敗は、エンロンが当時のＧＡＡＰを遵守しなかったことにあったと論じた。しかしながら、破産調査官による詳細な研究は、エンロンの経営者が、銀行家と、もしかするとその監査人の助けを借りて、それらの規則の本来の趣旨を避けるためにＧＡＡＰの規則を強引に適用して形式的に遵守したことを明らかにした。これらの行動は、エンロンに多額の負債を報告するのを避けることができるようにする一方で、その純利益を水増しし、報告された経営活動からのキャッシュ・フロー（ＣＦＯ）を多額にすることを可能にした。たとえば、以下の文献を参照のこと。"First Interim Report of Neal Batson, Court-Appointed Examiner, United States Bankruptcy Court, Southern District of New York, In Re: Enron Corp. Et al., Debtors, September 21, 2002."

一四．他の人たちが同じく基準設定機関間の競合をしきりに促した。たとえば、以下の文献を参照のこと。Ronald A. Dye and Shyam Sunder, "Why Not Allow FASB and IASB Standards to Compete in the U.S.," *Accounting Horizons*, vol. 15, no. 3 (September 2001), pp. 257-71.

一五．Benn Steil, *Building a Transatlantic Securities Market* (New York: Council on Foreign Relations, 2002).

一六．Benn Steil, *Building a Transatlantic Securities Market.* 証券取引所間の競争に関して主張された主な長所は、取引コストがより低いことである。しかし、スティルはディスクロージャー体制の競争がより多くのディスクロージャーを促すであろうことも示唆している。

一七．証券取引所の相互承認を許容することに対して可能なもう一つの反論は、（もし、そのことを認めた外国の証券取引所が、本国で適用されるよりも透明度が低く、効率的ではないコーポレート・ガバナンスの規則によって、実際、よりハイリスクな株式を上場させているならば）比較的小口で、あまり洗練されていない投資家をより大きなリスクにさらすことである。もしこの反論が妥当するならば、機関投資家と、裕福で洗練された個人投資家に対してのみに外国企業の株式の売買を認めればよいであろう。

一八．本書で解決していない可能性のある議論は、政策当局が、産業別基準と、それを公表する組織のために活動することが望ましいであろうかどうかという議論である。このことは、必ずしも透明性を損なうことなく、さらなる競争を促進するであろう。異なる産業間の思い通りの比較は、同じ産業内のよりよい比較を可能にするようなより標準化された報告よりも透明性を促すために重要ではないかもしれないからである。

一九．連邦議会が監視委員会を作るおよそ一か月前に、ＳＥＣは自らの見解を示したが、その提案はワールドコムの利益水増しが明らかになった後の出来事によって取って代わられた。それ以降、法的に認定された組織だけが必須な法律上の影響力と監査プロフェッションを適切に監視する権威をもつというコンセンサスが、議会の中で素早く形成された。

二〇．議会は、最終的にSECに対して二〇〇三会計年度は前年度よりも約一億ドル多い五億七千三百万ドルを割り当てたが、議会がその年のはじめに承認した額よりもおよそ二億ドル少ない。SECが直面する挑戦に関するレビューについては、以下の文献を参照のこと。Megan Barnett, "Oh, To Slay a Dragon," *U.S. News & World Report*, October 21, 2002, pp. 40-42.

二一．たとえば、以下の文献を参照のこと。Kirstin Downey Grimsley, "Signing the Bottom Line: Top Executives at 16 companies Certify Their Books," *Washington Post*, August 1, 2002, p. E1. ある研究は、CEOが署名した、あるいは署名しなかったという事実は、企業の株価に有意な差を生み出さなかったことを見出した。以下の文献も参照のこと。*The Economist*, September 28, 2002, p. 60.

二二．経営者の報酬制度についての株主の承認もまた、英国において数社で導入された。

二三．以下のサイトを参照のこと。http://www.nasdaqnews.com, および http://www.nyse.com.

二四．SECによる二〇〇一年の事前審査では、調査対象の公開企業のうち、非監査報酬が、監査法人によって稼得された収益のおよそ四分の三を占めたことが見出された。しかしながら、(しばしば相当である) 税務申告書作成とアドバイスに関連する報酬が「非監査報酬」に含められており、そしてそれは法律上、または実務上除外されていない。この点に関しては以下の文献を参照のこと。David S. Hilzenrath, "Opening The Books on Corporate Auditors: Report Shows Audit Fees Reflect a Fraction of the Business Accountants Do With Firms They Review," *Washington Post*, June 3, 2001, p. H1.

二五．監査法人がコンサルティング業務に参入することは、法人のカルチャーを、監査の品質重視から単に成長性と収益性を重視する方向へと歪めたと主張されてきた。たとえば、アンダーセンの崩壊に関する以下の文献を参照のこと。John A. Byrne, "John Berardino's Fall From Grace," *Business Week*, August 12, 2002, pp. 51-56. この批評は、アンダーセンのような監査法人の代表社員が、もし主に利益の成長と収益性によって駆り立てられるならば、監査ビジネスを獲得する攻撃的なキャンペーンに乗り出して、そして同じようにして監査の品質を落とすことができたはずであるという事実を無視している。

二六．本書が印刷に回された時点でＳＥＣが検討していた、それほど広範囲にわたらない法案は、監査法人が、監査報酬の基礎を特定のクライアント企業に提供したコンサルタント業務の出来高に直接置くことを禁止していた。この提案は、同じクライアント企業に対する監査業務とコンサルタント業務を禁止しないで、非監査業務に従事している監査人によって引き起こされた逆インセンティブの問題を直接扱うであろう。この点に関しては、以下の文献を参照のこと。David S. Hilzenrath, "Auditors May Face Curbs on

"Incentives," *Washington Post*, November 19, 2002, p. E1.

二七．監査役の雇用と解雇を保証業者に移すという考えは、我々の知る限りでは、以下の文献において最初に提案されたものである。Joshua Ronen, "A Market Solution to the Accounting Crisis," *New York Times*, March 8, 2002, p. A21.

第四章

一．経営意思決定の結果、当期利益は増加しているものの、無形資産価値は反対に減少することもありうる。たとえば、従業員数、広告費、研究開発費の削減という意思決定を下した場合、短期的に経営者は支出を削減することになり、そのため報告利益が増加（あるいは損失が減少）するかもしれない。しかし、このような「経済性」は、同時に、従業員のモラル低下、顧客からの需要の喪失、イノベーションの量と質の減少などによって、無形資産の価値を大きく損なうことになりかねない。

二．Baruch Lev, *Intangibles: Managements, Measurements, and Reporting* (Brookings, 2001), pp.8-9. また以下の文献も参照のこと。Jonathan Law and Pam Cohen Kalafut, *Invisible Advantage: How Intangibles Are Driving Business Performance* (Cambridge, Mass.:Perseus

Publishing, 2002).

三．このことは、市場では、前期において報告されたものよりも将来の純キャッシュ・フローの現在価値が高く算定されていることを意味する。そして、そのような現在価値は、会計士が信頼可能な数値を算定できないため、資産として表示されていない。無形資産の価値の源泉、特にハイテク企業のそのような価値の源泉に関するより正式な分析については、以下の文献を参照のこと。Robert Hall, "E-Capital: The Link between the Labor Market and the Stock Market in the 1990s," *Brookings Papers on Economic Activity, 2:2000*, pp.73-118. Erik Brynjolfsson, Lorin M. Hitt, and Shinkyu Yang, "Intangible Assets: Computers and Organizational Capital," *Brookings Papers on Economic Activity, 1:2000*, pp.137-81.

四．この頭字語は、インターネット言語であるＨＴＭＬ（Hyper Text Markup Language）を基礎として開発されたExtensible Markup Language（ＸＭＬ）を発展させたExtensible Business Reporting Language の略語である。ＸＢＲＬの説明に関しては、そのスポンサーによって管理されているウェブサイト（http://www.xbrl.org）を参照のこと。また、優れた参考文献として以下のものがある。Samuel A. DiPiazza Jr. and Robert G. Eccles, *Building Public Trust: The Future of Corporate Reporting* (John Wiley & Sons, 2002), pp.129-52.

五. 以下を参照のこと。http://www.accounting.rutgers.edu/raw/aicpa/ackn.htm, sections 3.7 and 3.13.

六. DiPiazza and Eccles, *Building Public Trust.*

七. OECD, "Public-Private Forum on Value Creation in the Knowledge Economy - Overview," 2000 (http://www.oecd.org/daf/corporateaffairs/disclosure/intangibles.htm).

八. これらの議論に関しては以下の文献を参照のこと。Andrew Lymer, ed., "Special Section: The Internet and Corporate Reporting in Europe," *European Accounting Review*, vol.8, no.2(1999), pp.287-396; FASB, *Business Reporting Research Project: Electronic Distribution of Business Reporting Information*, 2000 (http://www.fasb.org). Robert E. Litan and Peter J. Wallison, *The GAAP Gap: Corporate Disclosure in the Internet Age* (Washington: AEI-Brookings Joint Center on Regulatory Studies, 2000).

九. もちろん、今以上の頻度で財務報告が行われたとしても、企業は、投資家に関心をもたせるために、年次もしくは四半期利益の操作を試みるであろう。よく行われる手法としては、たとえば、臨時の資産売却取引を、正常な営業循環内で行われた経常的な取引として処理するものがある。大手企業数社は、二〇〇二年前半の会計不祥事との関連性を指摘されていたにもかかわらず、同年後半において明らかにこの手法を利用していた。

このような事例については以下の文献を参照のこと。David Henry and Heather Timmons, "Still Spinning Numbers," *Business Week*, November 11, 2002, pp.120-21.

一〇．成功の保証があるわけではない。ＸＢＲＬは、各々の利害を有する企業によって構成されるコンソーシアムによって、開発されている。多くの企業が参加すれば、それだけＸＢＲＬは普及するが、その一方でコンソーシアムの運営が非効率的になる。このため、ＸＢＲＬの標準形式は、たとえば、パソコン市場においてＯＳを開発しているマイクロソフトのように、開発成果に多大な利益を見込める企業一社によって、独占的に開発される方がよいと分析する者もいる。しかし、インターネットにおける二大言語であるＨＴＭＬとＸＭＬの開発は、そのような独占的開発とは対極をなす好事例である。同様に、ＯＳ開発における「オープンソース」方式の発展的成功によって、協同作業のもと標準形式を成功裏に開発することができることが示された。そのような試みの一つとして、投資家にＮＡＳＤＡＱ上場二十一社の財務情報をＸＢＲＬ形式で提供する試験的なプログラムの計画案が、二〇〇二年八月にＮＡＳＤＡＱ、マイクロソフト、プライスウォーターハウスクーパースによって発表された。http://www.nasdaq.com/xbrl を参照のこと。

一一．このバイアスは、学術書においても取り上げられている。以下の文献を参照のこと。Leslie Boni and Kent Womack, "Wall Street's Credibility Problem: Misaligned Incentives and Dubious Fixes?" *Brookings-Wharton Papers on Financial Services* (Brookings, 2002), pp.93-130.

一二. 現在、投資家は、望めば、第三者の作成したリサーチ・レポートを入手することができる。いずれにせよ、レポートの入手は、インターネット技術の普及により、今まで以上に容易になるであろう。

付　録

一. より詳細な比較は、以下の文献を参照のこと。Carrie Bloomer, ed., *The IASC-U.S. Comparison Project: A Report on the Similarities and Differences between IASC Standards and U.S. GAAP. Based on a Study Undertaken by the FASB Staff.* 2d ed. (Norwalk, Conn.: Financial Accounting Standards Board, 1999); and David Cook, and others, eds., *IAS/US GAAP Comparison* (London: Ernst and Young, 2000).

二. 米国ＧＡＡＰにも原則主義アプローチによって作成された会計基準がある。その一つにＦＡＳＢ基準書第五号「偶発事象の会計処理」がある。ＦＡＳＢスタッフは、米国の二十四名の会計専門家に米国ＧＡＡＰのランク付けを依頼した。基準書第五号は、三番目に優れているとランク付けされた。その理由として「複雑すぎず、合理的な経営者の判断のもと成立する適度な指針を備え、多様な経済事象に適用可能であり、実用的で、FASBによるメンテナンスを必要としない」点があげられていた。以下の文献を参照のこと。Cheri L. Reither, "What Are the Best Accounting Standards?" *Accounting Horizons*, vol.12, no.3 (September 1998), pp.283-92.

三．IFRSでは、「極度に稀な状況」において財務諸表利用者の判断を誤らせる結果となりそうな場合、企業が個々の規則から離脱することを認める離脱規定が用意されている。このような緩やかな規定は、英国GAAPに倣ったものであり、EUの会計指令にも同様な規定がある。規則主義システムにおいてそのような状況は頻繁に生じそうであるが、同様な規定が米国公認会計士協会の業務規律に存在するものの、米国GAAPからの離脱はほとんどなされていない。

四．リース会計については、キャピタル・リースとオペレーティング・リースとに分ける現在の二分法ではリース契約の「グレー」・ゾーンを反映できず、利益管理の温床となっているため、現在、討議中である。

五．投資会社によるグループ関係にある投資会社への公正価値会計の適用を制限する提案書が採用された場合、このような手続は、二〇〇三年十月十五日以降、米国GAAPのもとでは認められなくなる。第三章注三六を参照のこと。

六．以下のＩＡＳＢによる文献を参照のこと。"Exposure Draft of Proposed Amendments to IAS 32, Financial Instruments: Disclosure and Presentation" and "IAS 39, Financial Instruments: Recognition and Measurement," June 2002（国際会計基準（ＩＡＳ）第三二号「金融商品：開示及び表示」及び第三九号「金融商品：認識及び測定」改訂公開草案）.

訳者あとがき

原著 *Following the Money - The Enron Failure and the State of Corporate Disclosure* は、ＡＥＩとブルッキングズ研究所が共同で設置した研究所から出版された、米国のディスクロージャー制度の改革についての提言をまとめた調査報告書である。

当時、世界最高水準のディスクロージャー制度をもつといわれた米国において、いわゆる「エンロン事件」によって多くの問題点が表面化した。そのため、サブタイトルにも「エンロンの崩壊」とあるように、エンロン事件に関連した会計問題を取り上げてはいるが、本書はエンロン事件自体を検証することを目的としたものではないということを強調しておきたい。

本書の主張を簡単に紹介するならば、

①エンロン事件でクローズアップされたＳＰＥの会計処理については、会計基準そのものに問題があるのではなく、基準を強制するシステムに原因があると見ていること。

②同様に、エンロンで悪用された公正価値会計については、その導入に反対していること。
③会計基準設定プロセス自体にも問題があり、それは基準設定が独占状態にあることに起因しているとし、その解決方法として、会計基準の間で競争をもたらすべきことを提案していること。
④無形資産に関する情報やその他の非財務情報の開示を充実させること。
⑤ディスクロージャー手段としてインターネットの利用をいっそう促進すること。

等が挙げられる。特に③に関しては、近年進められている会計基準の国際的統合化とも関連している。

これらの主張には非常に興味深いものがあり、我々が本書を翻訳しようと思った動機の一端をなしている。

本書が指摘した問題点の一部については、今日までに行われた基準の改正等を通じてすでに何らかの解決が行われているものもある。しかし、その解決はまだ通過点にすぎないため、訳出にあたっては、特にその後の状況を補足説明することなく、そのまま訳出することにした。その解決策の是非については読者諸賢の判断に委ねたい。

本書の翻訳は、三人の共同作業であるが、翻訳を進めるにあたり、下訳の分担を以下の通りとした。

第一章、第四章、付録　中山重穂
第二章　石井康彦
第三章　田代樹彦

その後、全員によるレビュー等を通じて文体等の統一に努めたが、まだまだ不十分な点も残っているだろう。また、思わぬ誤訳もあるかもしれない。これらの責任は、すべて我々全員が負うものである。

本書の刊行にあたっては、税務経理協会の大坪嘉春社長、書籍企画部の新堀博子課長、書籍製作部の小髙真美氏に多大なご配慮をいただいた。ここに感謝申し上げる次第である。

二〇〇五年三月

訳　者

【原著者紹介】

George J. Benston（ジョージ・ベンストン）

米エモリー大学ゴイズエタ・ビジネススクール，ジョン.H.ハーランド教授（ファイナンス論，会計学，経済学）兼同カレッジ教授（経済学）

Michael Bromwich（マイケル・ブロムウィッチ）

英ロンドン大学政治経済学院（LSE）CIMA教授（会計学・財務管理論）

Robert E. Litan（ロバート・ライタン）

米ブルッキングス研究所副所長，経済問題研究担当責任者

Alfred Wagenhofer（アルフレッド・ワーゲンホファー）

オーストリア・グラーツ大学教授（管理会計論）兼ヨーロッパ・マネージメント研究機構（EIASM）教授

【訳者紹介】

田代《たしろ》　樹彦《たつひこ》（名城大学経営学部教授）
石井《いしい》　康彦《やすひこ》（高千穂大学商学部助教授）
中山《なかやま》　重穂《しげほ》（豊橋創造大学短期大学部助教授）

訳者との契約により検印省略

平成17年5月1日　初版第1刷発行

会計制度改革への挑戦
フォローイング・ザ・マネー

著　者	George J. Benston Michael Bromwich
訳　者	田　代　樹　彦 石　井　康　彦 中　山　重　穂
発行者	大　坪　嘉　春
印刷所	税経印刷株式会社
製本所	株式会社　三森製本所

発行所　東京都新宿区 下落合2丁目5番13号　株式会社 **税務経理協会**

郵便番号 161−0033　振替 00190−2−187408　電話(03)3953−3301（編集代表）
FAX (03)3565−3391　(03)3953−3325（営業代表）

URL　http://www.zeikei.co.jp/

乱丁・落丁の場合はお取替えいたします。

ISBN4−419−04551−5 C1063